如何正确
选择和配置
保险

杨畛 著

哈尔滨出版社
HARBIN PUBLISHING HOUSE

图书在版编目（CIP）数据

如何正确选择和配置保险 / 杨畛著. — 哈尔滨：哈尔滨出版社, 2022.8
 ISBN 978-7-5484-6673-4

Ⅰ.①如… Ⅱ.①杨… Ⅲ.①保险—基本知识 Ⅳ.①F84

中国版本图书馆CIP数据核字(2022)第155219号

书　　　名：	如何正确选择和配置保险
	RUHE ZHENGQUE XUANZE HE PEIZHI BAOXIAN
作　　　者：	杨　畛　著
责 任 编 辑：	王　婷
装 帧 设 计：	百悦兰棠
出 版 发 行：	哈尔滨出版社（Harbin Publishing House）
社　　　址：	哈尔滨市香坊区泰山路82-9号　　邮编：150090
经　　　销：	全国新华书店
印　　　刷：	涿州市旭峰德源印刷有限公司
网　　　址：	www.hrbcbs.com
E - m a i l：	hrbcbs@yeah.net
编辑版权热线：	（0451）87900271　87900272
销售热线：	（0451）87900202　87900203
开　　　本：	787mm×1092mm　1/16　印张：8　字数：150千字
版　　　次：	2022年8月第1版
印　　　次：	2022年8月第1次印刷
书　　　号：	ISBN 978-7-5484-6673-4
定　　　价：	68.00元

凡购本社图书发现印装错误，请与本社印制部联系调换。

服务热线：（0451）87900279

引 言

本书前四章内容用图文并茂的方式将保险在家庭资产配置中的作用，保险的功能、类别和内容归纳汇总，让大家通过四张图即可迅速了解保险的作用和功能，帮助大家正确有序地选择配置保险。

保险业在全世界各个国家从萌芽到成熟经历的发展时间长短不同，中国仅仅用不到40年的时间就走完了发达国家用一两百年才走完的保险认知路程。引用一张数据统计图可以让大家一目了然地了解这个详细数据。

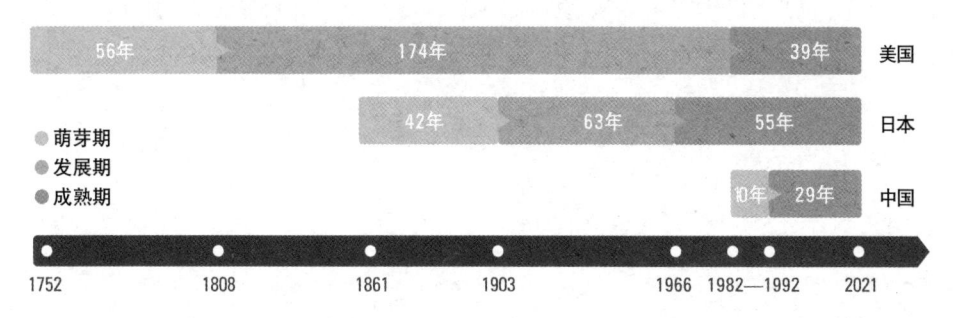

56年　　　　174年　　　　39年	美国
42年　　63年　　55年	日本
● 萌芽期	
● 发展期	
● 成熟期　　　　　　　10年 29年	中国
1752　1808　1861　1903　1966　1982—1992　2021	

保险业在中国发展迅速，人们还来不及全方位客观认知保险的全部知识概念，时代的发展就已经进入了需要大家全面配置保险以应对未来不确定性的阶段。如今，保险作为社会的稳定器之一要跟上时代发展的步伐。通俗易懂的书籍能够快速传播和普及保险知识，帮助广大民众在短时间内了解保险的内容、理念、配置逻辑和对应原理。

本书从实践出发，从每个家庭资产配置必备的三个账户出发，将保险的功用、类别、产品选择等原理与配置逻辑一一阐释清楚，贯通保险的选择和配置全过程。让读者自己掌握选择配置保险的基础知识，把握自己和家人真正需要的类型和产品，真正领会保险"抵御风险，守护健康，积累财富，实现梦想"的全面功能！

本书简洁明了，易读易懂，总结了笔者的实践经验。对于想了解保险的民众，本书具有较高的参考指导价值。对于保险销售人员，本书亦是翔实的销售实操文本。参考本书前四章的知识就可懂得如何正确选择和配置保险了，第五章及之后的内容是对保险相关知识的进一步补充。此书出版的目的，就是使大家全面了解保险的功能和类别，懂得如何正确选择和配置保险。

本书内容源自笔者的工作实践，读者如需了解更深层次的保险知识理论，亦可借鉴其他保险专业书籍。

目 录
CONTENTS

第一章　家庭资产配置的三个账户 …………………… 7

第二章　保险的保全作用属性 ………………………… 21

第三章　保险的两大功能和八大类别 ………………… 37

第四章　如何正确选择和配置保险 …………………… 67

第五章　保费定价原理 ………………………………… 75

第六章　为家庭成员配置保险的先后顺序 …………… 89

第七章　配置保险有哪些限制 ………………………… 101

第八章　平常事故的保险理赔举例 …………………… 113

后记 ……………………………………………………… 119

快速阅读指引

第一章　家庭资产配置的三个账户

本章让大家了解家庭资产配置必备的三个账户中的保险账户的作用，了解三个账户的配置顺序原理。

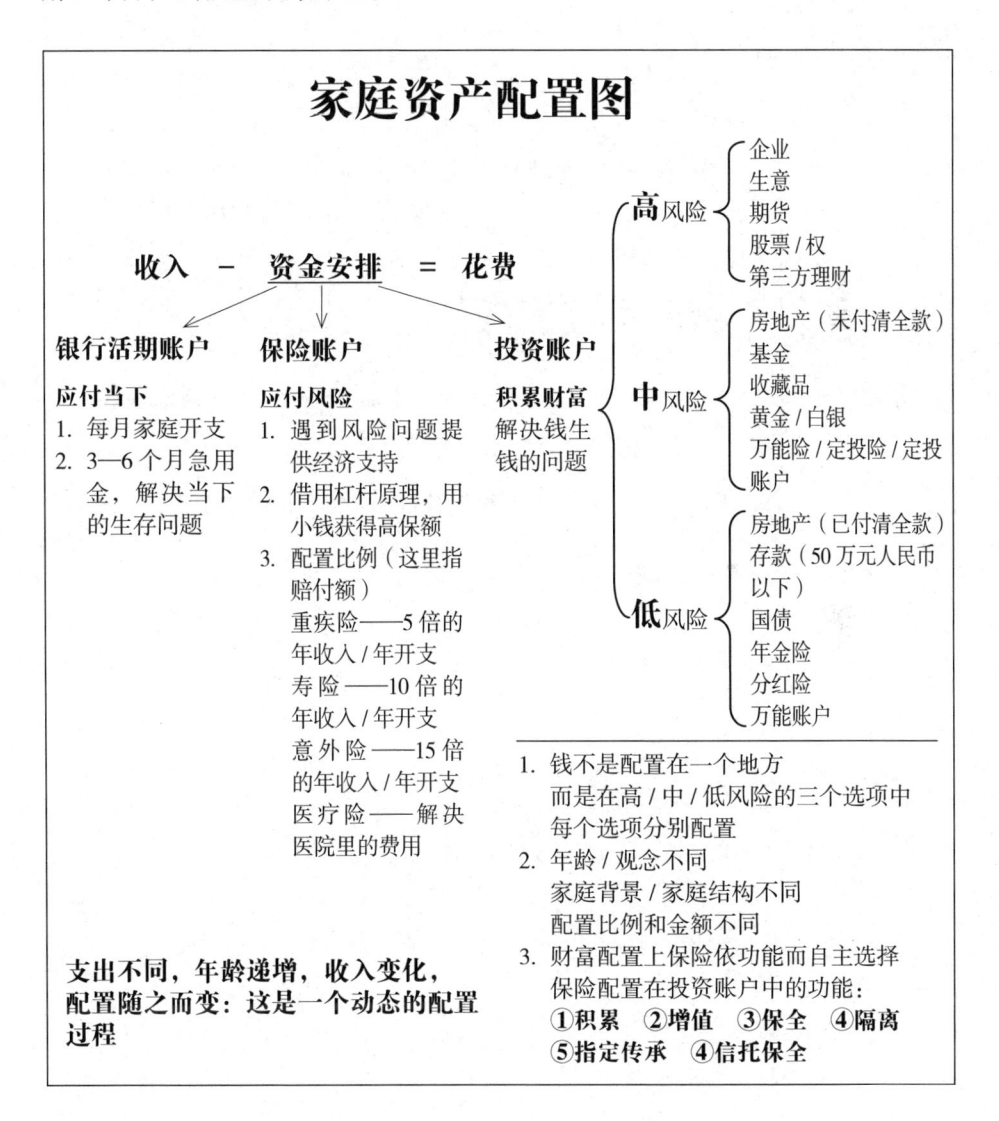

家庭资产配置图

收入 − 资金安排 = 花费

银行活期账户
应付当下
1. 每月家庭开支
2. 3—6个月急用金，解决当下的生存问题

保险账户
应付风险
1. 遇到风险问题提供经济支持
2. 借用杠杆原理，用小钱获得高保额
3. 配置比例（这里指赔付额）
   重疾险——5倍的年收入/年开支
   寿险——10倍的年收入/年开支
   意外险——15倍的年收入/年开支
   医疗险——解决医院里的费用

支出不同，年龄递增，收入变化，配置随之而变：这是一个动态的配置过程

投资账户
积累财富
解决钱生钱的问题

高风险
- 企业
- 生意
- 期货
- 股票/权
- 第三方理财

中风险
- 房地产（未付清全款）
- 基金
- 收藏品
- 黄金/白银
- 万能险/定投险/定投账户

低风险
- 房地产（已付清全款）
- 存款（50万元人民币以下）
- 国债
- 年金险
- 分红险
- 万能账户

1. 钱不是配置在一个地方而是在高/中/低风险的三个选项中每个选项分别配置
2. 年龄/观念不同 家庭背景/家庭结构不同 配置比例和金额不同
3. 财富配置上保险依功能而自主选择 保险配置在投资账户中的功能：
①积累　②增值　③保全　④隔离
⑤指定传承　④信托保全

第二章　保险的保全作用属性

本章让大家了解保险产品与非保险产品的区别，即保险的法律属性，深度理解保险工具独特的保全作用，进一步理解保险在家企隔离、婚姻隔离、代际隔离中的独特作用。

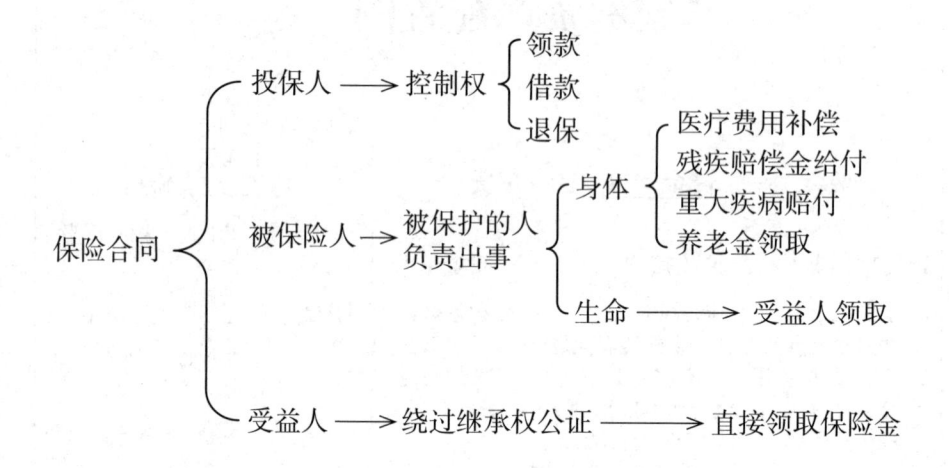

```
                    ┌ 领款
         投保人 → 控制权 ┤ 借款
                    └ 退保
                                    ┌ 医疗费用补偿
                                    │ 残疾赔偿金给付
         被保险人 → 被保护的人  ┤ 身体 ┤ 重大疾病赔付
保险合同 ┤        负责出事       │     └ 养老金领取
                                    └ 生命 → 受益人领取

         受益人 → 绕过继承权公证 → 直接领取保险金
```

第三章　保险的两大功能和八大类别

本章介绍保险的功能和类别，让大家明白每一种保险产品的功能和配置顺序，帮助大家在选择保险的时候更客观更理性。

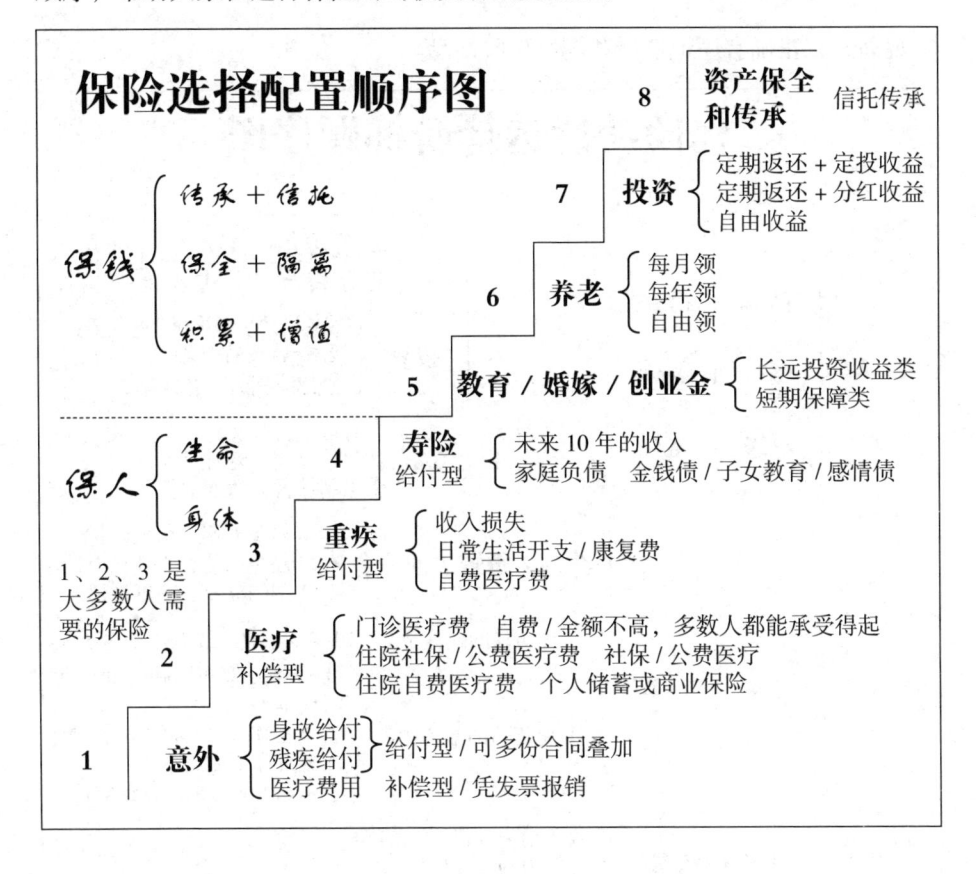

保险选择配置顺序图

保钱：
- 传承 + 信托
- 保全 + 隔离
- 积累 + 增值

保人：
- 生命
- 身体

1、2、3 是大多数人需要的保险

8　资产保全和传承：信托传承

7　投资：定期返还 + 定投收益 / 定期返还 + 分红收益 / 自由收益

6　养老：每月领 / 每年领 / 自由领

5　教育 / 婚嫁 / 创业金：长远投资收益类 / 短期保障类

4　寿险 给付型：未来10年的收入 / 家庭负债 金钱债 / 子女教育 / 感情债

3　重疾 给付型：收入损失 / 日常生活开支 / 康复费 / 自费医疗费

2　医疗 补偿型：
- 门诊医疗费　自费 / 金额不高，多数人都能承受得起
- 住院社保 / 公费医疗费　社保 / 公费医疗
- 住院自费医疗费　个人储蓄或商业保险

1　意外：
- 身故给付 / 残疾给付　给付型 / 可多份合同叠加
- 医疗费用　补偿型 / 凭发票报销

- 5 -

第四章　如何正确选择和配置保险

本章讲解保险产品在实际生活当中为人所用的实用特征，帮助大家理解保险产品深层次的作用，避免把保险跟其他常用金融工具混淆，帮助大家更客观理性、正确有序地选择和配置保险产品。

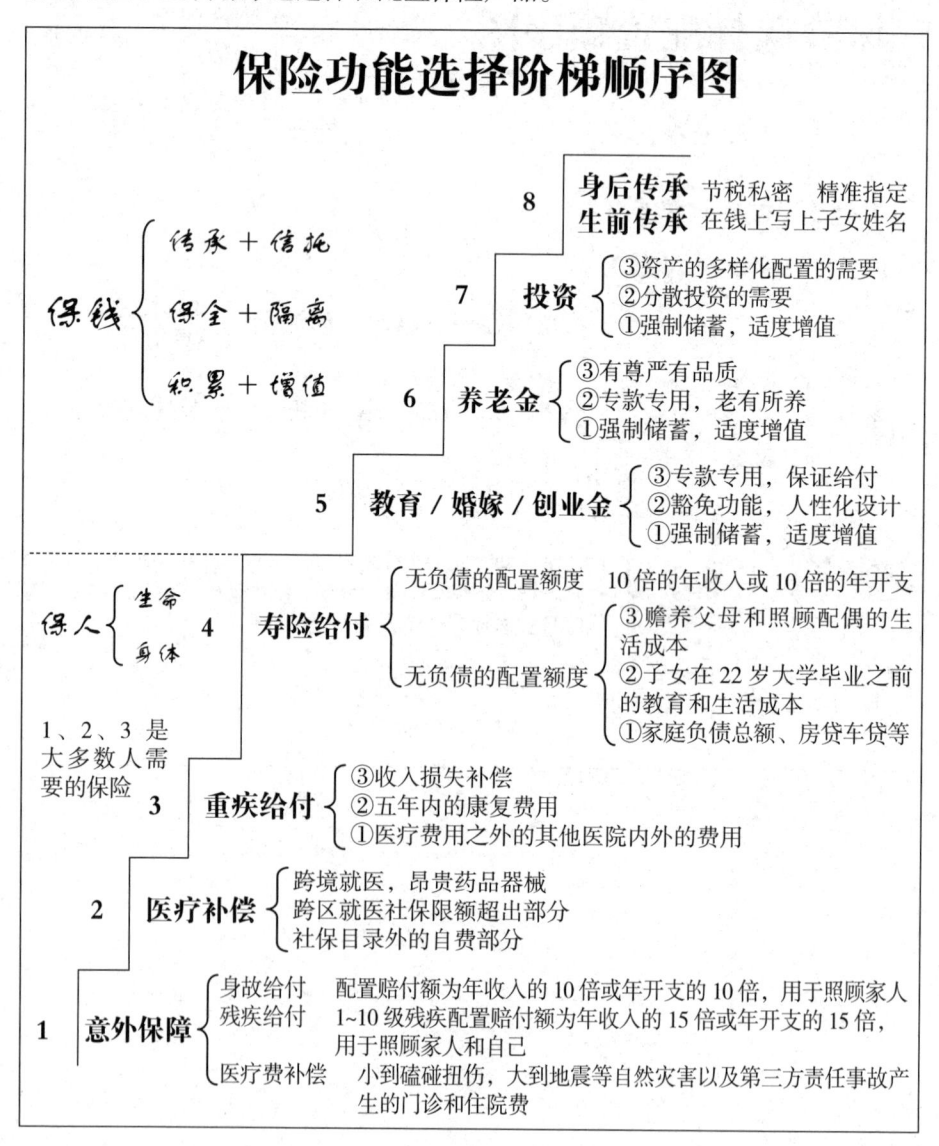

保险功能选择阶梯顺序图

保钱
- 传承＋信托
- 保全＋隔离
- 积累＋增值

8　身后传承／生前传承
- 节税私密　精准指定
- 在钱上写上子女姓名

7　投资
- ③资产的多样化配置的需要
- ②分散投资的需要
- ①强制储蓄，适度增值

6　养老金
- ③有尊严有品质
- ②专款专用，老有所养
- ①强制储蓄，适度增值

5　教育/婚嫁/创业金
- ③专款专用，保证给付
- ②豁免功能，人性化设计
- ①强制储蓄，适度增值

保人
- 生命
- 身体

4　寿险给付
- 无负债的配置额度　10倍的年收入或10倍的年开支
- 无负债的配置额度
  - ③赡养父母和照顾配偶的生活成本
  - ②子女在22岁大学毕业之前的教育和生活成本
  - ①家庭负债总额、房贷车贷等

1、2、3 是大多数人需要的保险

3　重疾给付
- ③收入损失补偿
- ②五年内的康复费用
- ①医疗费用之外的其他医院内外的费用

2　医疗补偿
- 跨境就医，昂贵药品器械
- 跨区就医社保限额超出部分
- 社保目录外的自费部分

1　意外保障
- 身故给付／残疾给付
  - 配置赔付额为年收入的10倍或年开支的10倍，用于照顾家人
  - 1~10级残疾配置赔付额为年收入的15倍或年开支的15倍，用于照顾家人和自己
- 医疗费补偿
  - 小到磕碰扭伤，大到地震等自然灾害以及第三方责任事故产生的门诊和住院费

第一章
家庭资产配置的三个账户

本章让大家了解家庭资产配置必备的三个账户中的保险账户的作用，了解三个账户的配置顺序原理。

第一章　家庭资产配置的三个账户

这个世界上的每一种有形无形的工具，都有它的长处，也有它的短板。一种工具在某方面的长处越长，它在其他方面的短板往往也就越发明显。保险就是长处和短板都很明显的一种金融工具。要懂得如何正确选择和配置保险，必须先了解保险工具在个人和家庭资产配置中的作用。

在家庭资产配置方面，个人对资产配置工具的了解，决定了所选工具的效用价值，包括发挥价值的程度和获得收益的时间长度。

在家庭资产配置上人们通常有两种态度和做法：

一种是顺其自然，随意配置；

一种是认真安排，用心配置。

这两种做法的结果完全不一样。

顺其自然，随意配置的人群对待自己的收入和支出的过程是：

收入 – 支出 = 余存

通常采用这种方式的人很容易成为"月光族"，或仅有不多的存款。大部分人的收入都是有限的，这就导致没有存款或仅有少量存款。更有甚者，用各种信用卡和借款过度消费，导致负债累累。

认真安排，用心配置的人群对待自己的收入和支出的过程，不是简单的"收入 – 强制存款 = 支出"，他们不单单是在获得收入后强制自己先存后花，更重要的是认真地对待每一分钱，把金钱分成不同角色，让它们各司其职，去应对生活中现在的以及未来的各种需要。怎么分类配置金钱功能账户，就成了所有问题的关键。

三角形的稳定性原理给了我们启示：如果想要固定一张桌子或一个凳子，至少需要三个不在同一条线上的支撑点。资产配置也是一样的道理：建立三个功能不同的资金账户，才能真正帮助我们做好家庭资产的全面配置。

我们身边那些实现了财务自由的人，他们通常对资产进行了多样化配置，让各种财富工具组合在一起，在功能上互相取长补短，最大限度地发挥了工具本身的优势。那些已经达到了财务自由状态的人，每月的被动收入大于他们的总支出。每月有被动足额的现金流入他们的银行账户，让他们支付完各种开支后还有结余。他们能实现财务自由，背后付出的艰辛并非常人所知，在原始资金从无到有的积累过程中，他们使用的方法有哪些值得我们借鉴和参考呢？他们做了什么样的资产配置，才进入这样的财务自由状态呢？大量的资料记载，他们在原始资金积累阶段，将自己的收入进行了多样化安排和配置。他们把资金安排在三个不同功能的账户中，让这些资金借助多种工具最大限度地发挥了优势，这些工具组合在一起取长补短，实现了组合效用的最大化，从而足以应对人生有可能遇到的各种不同问题。

家庭资产的三个账户

第一个账户是银行活期账户，即存款和现金账户。

$$收入 \ - \ 资金安排 \ = \ 花费$$

银行活期账户

应付当下
1. 每月家庭开支
2. 3—6个月急用金，解决当下的生存问题

银行活期账户通常用来应付两件事情：

一是应付现在每个月的生活开支；

二是预留 3~6 个月的应急金以防万一收入中断没钱过日子。

银行活期账户的资金存取自由，它的作用就是流通。资金流来流去，在流通中很容易不知不觉流失。打一个很简单的比方：下大雨的时候，地上到处都是水，雨过天晴以后，地上的水慢慢都不见了，我们还能见到的水就是那些被人为囤积的鱼塘水库里的或地势低洼之处的水以及江河湖海里的水。

现实中，把钱长期留在银行活期账户上当存款的人群，若问他们为啥把钱放在银行活期账户上不去做配置和安排，回答很简单：钱不多，存定期利息太少，懒得折腾；去购买基金、股票，自己不懂，没时间去做分析研究，不敢冒风险；拿来买房呢，钱太少了，等钱足够多的时候再看机会，还是简单点放在活期账户上得了。

世间万事最怕认真两个字，只有认真用心地持续努力去做的事情才会有成果。做科研的一直认真坚持才能取得成果；人与人之间也是要彼此重视、长久交往才会建立信任和长期联系；金钱也是同样的逻辑，认真对待和安排钱的人，钱也认真地回馈给他。有认真的态度才会有想要的结果！

我们身边经济实力长久雄厚，能从容应对一切的人群有非常鲜明的共性：就是认认真真对待自己的钱。认真对待钱跟把钱只存放在银行活期账户上是完全不同的两回事。他们会认真地把钱安排在不同的地方，让钱各司其职：有的用来过日子，有的用来应付有可能出现的危机，有的负责赚钱增值……富人并不是天生的，他们也经历过从无到有，从有到多的积累过程才能成为富人。跟他们交流，在他们身上可以学到很多。不在乎小钱就不会有大钱。积累金钱和使金钱增值对每个人、每个家庭都很重要。

不管钱多还是钱少，家庭只有一个活期账户的，通货膨胀都会逐渐侵蚀掉这些钱，购买物资的能力逐渐下降，万一遇到家人发生意外或罹患疾病的情况就有可能全部花出去了，多年的积蓄就化为乌有。

因此，每个家庭不能只有单一账户，需要三个资金账户以应付人世间的种种问题。我们需要认真对待自己赚来的钱，合理安排除了银行活期账户外的两个账户。

人人都喜欢的投资账户是排在第二位还是第三位呢？此处先不考虑怎么排序，先来看投资账户的功用和对应工具。

投资账户的最大功能就是解决钱生钱的问题。钱生钱有很多种工具和类型，有些工具需要时时刻刻花时间花精力打理；有些工具需要在持有后等待它自动增值的机会到来；有些工具在短期内不会增值或增值很少，需要长期持有、长久等待才能等到可观的利益的到来。钱生钱的划分标准很多，为了便于区分，在此用高风险、中风险、低风险来做分类：

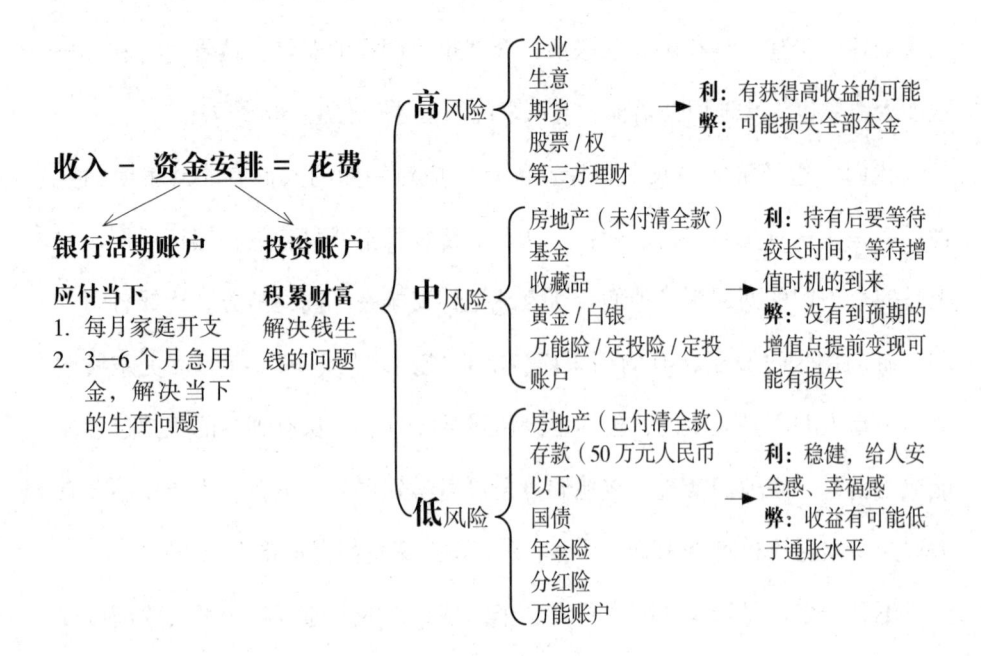

收入 － 资金安排 ＝ 花费

银行活期账户
应付当下
1. 每月家庭开支
2. 3—6个月急用金，解决当下的生存问题

投资账户
积累财富
解决钱生钱的问题

高风险：企业、生意、期货、股票/权、第三方理财
→ 利：有获得高收益的可能
弊：可能损失全部本金

中风险：房地产（未付清全款）、基金、收藏品、黄金/白银、万能险/定投险/定投账户
→ 利：持有后要等待较长时间，等待增值时机的到来
弊：没有到预期的增值点提前变现可能有损失

低风险：房地产（已付清全款）、存款（50万元人民币以下）、国债、年金险、分红险、万能账户
→ 利：稳健，给人安全感、幸福感
弊：收益有可能低于通胀水平

第一章 家庭资产配置的三个账户

开设投资账户，目的是获得收益，如果只盯着这单一功能的增值性去做安排，很容易出错。投资如果想真正达到效果就需要同时满足收益、相对安全、稳健、流动、长期等要求。要满足这么多的要求，资金安排肯定不能集中在一个项目上，单一工具做不到同时满足这么多要求。需要去兼顾各种工具的效用价值，将资金分别配置在高风险、中风险、低风险三个不同的地方。每项类别选一个或多个项目进行综合配置。

投资账户中的高风险、中风险、低风险三个账户，在实际生活中选择什么工具没有标准，每个人的家庭情况不同，了解的知识和资讯不同，所选择的工具和投资目的是完全不同的。在实际生活中，建议把握的原则是：选择自己熟悉和了解的工具。自己不熟悉的工具，不要轻易去选择，选择别人善用的/别人能赚钱的工具，不一定自己也能用好，也能获益。

选择好工具之后，依据上图的工具所在的位置摆好心态很重要。

选择高风险的工具就要做好万一全部亏损的打算。

选择中风险的工具就要长时间耐心等待增值机会的到来。长时间等待中避免折价提前变现，只要有足够的时间和耐心，终究会等到盈利时机的出现。

选择低风险的工具，就放平心态不要去跟高风险和中风险的工具比收益性，安安稳稳慢慢积累，只图过个好日子。

在资产配置所选择的工具中，出于个人喜好的差别，每个人选择的工具会有不同。原则上自己不懂的就不要轻易去选择，按照自己懂得的或喜欢的配置好以后，随着时间的推移，投资账户会有效地稳健增值。经过长时间的积累后，也许能够获得持续的被动的现金流。如果每个月得到的被动的现金流足够多，足以应付自己每月的总支出，或者足以代替自己的收入，我们就称这种状态为实现了财务自由。

财务自由一旦实现后，能持续多久呢？这是摆在我们面前的另一个问题。

显而易见，若要长期持续下去，就要满足一种长期的状态：这个家庭中没有发生任何危机，所有的固有安排都不会被临时打乱，可以按照最初的想法和安排一直持续下去。这个家庭不需要应付任何额外开销。直白地说，就是这个家庭所有的家庭成员都没有遇到严重的疾病或突发的事故。而这种情况几乎不可能。俗话说世事无常，人总会经历生老病死，罹患疾病和发生意外属于可能性事件；离开世界属于必然性事件。按照生老病死的惯常逻辑，这些事件是迟早都会发生的，一旦发生，这个家庭会有怎样的连锁反应呢？

1. 有没有足够的现金流应付此事？
2. 如果要解决这个问题需要 500 万元甚至更多？
3. 需要动用储蓄账户甚至变卖投资账户资产？
4. 家庭的固有投资安排是否被打乱？
5. 花去的钱是否会影响家人的生活/生存？

有没有一个账户专门用来应付这些不可预知的风险，用一小部分资金提前做好安排，在万一遇到这类事情的时候，可以获得一大笔赔偿金？

有。这就是保险账户。安排在这个账户中的资金，占家庭收入的十分之一，一旦风险发生，所获得的赔偿金足以应付所有的花销，不需要动用银行储蓄账户和投资账户。

家庭资产的三个账户就像保护一个家庭经济生命的铁三角，无论有钱没钱都可以按照比例来选择配置对应的工具和产品，帮助每个家庭去实现财务自由。

财务自由跟金钱的多少没有绝对的关系，而是跟安排资金的方式和态度紧密相关。

由此得出家庭资产三个账户的关系和顺序图：

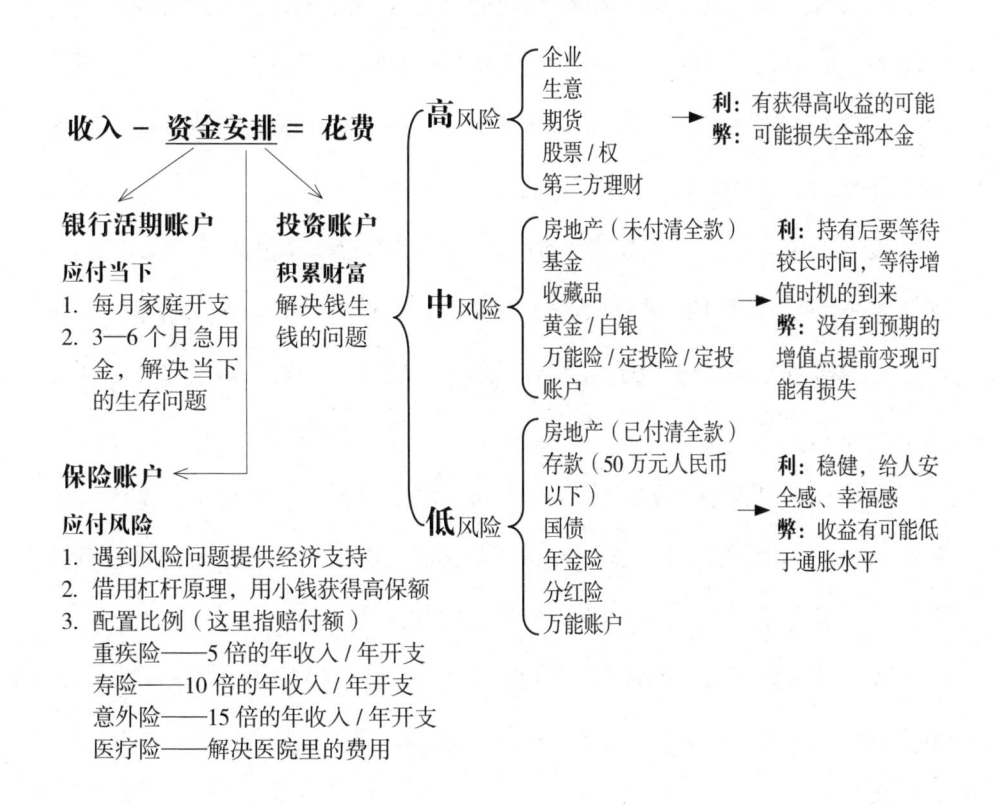

收入 － 资金安排 ＝ 花费

银行活期账户
应付当下
1. 每月家庭开支
2. 3—6个月急用金，解决当下的生存问题

投资账户
积累财富
解决钱生钱的问题

保险账户
应付风险
1. 遇到风险问题提供经济支持
2. 借用杠杆原理，用小钱获得高保额
3. 配置比例（这里指赔付额）
　重疾险——5倍的年收入/年开支
　寿险——10倍的年收入/年开支
　意外险——15倍的年收入/年开支
　医疗险——解决医院里的费用

高风险：企业、生意、期货、股票/权、第三方理财
- 利：有获得高收益的可能
- 弊：可能损失全部本金

中风险：房地产（未付清全款）、基金、收藏品、黄金/白银、万能险/定投险/定投账户
- 利：持有后要等待较长时间，等待增值时机的到来
- 弊：没有到预期的增值点提前变现可能有损失

低风险：房地产（已付清全款）、存款（50万元人民币以下）、国债、年金险、分红险、万能账户
- 利：稳健，给人安全感、幸福感
- 弊：收益有可能低于通胀水平

第一个账户——银行活期账户，用于应付日常生活所需，这是人生第一件需要解决的事情。解决了生活问题才有可能再去考虑其他问题。

第二个账户——保险账户，用于应付不可预知的生老病死等问题发生时需要花钱的事情，配置的赔付额度要足够应付。遇到家庭成员发生意外、罹患重病，家庭经济主力突然离世这些问题时，这个家庭有没有足够的现金来应付随之而来的棘手的事情？家庭成员的生活会不会受到影响？如果这个事情的后果严重，会不会影响这个家庭中的其他成员继续生存下去？保险账户就是用保险的高杠杆功能，用有限的保费投入获得高额的保险赔偿金，在万一遇到风险时，保险账户可提供足额的资金来应付，不需要动用其他资金。应付这些不可预知的风险的保险产品包括意外险、医疗险、重疾险、寿险等。

第三个账户——投资账户，是为实现理想生活安排的现金流账户。每个人都有自己理想中的被动收入现金流目标，对自己的未来充满希望和期待。这需要我们提前去做规划，从有限的小额投入开始，哪怕只有100元可以做投资，也要去做。如果小钱看不上，大钱也难获得。

每个人的理财目标和风险偏好不同，对不同理财工具的了解不同，选择什么工具和配置多少资金，通常都没有绝对的答案。建议分别在高风险、中风险、低风险三个账户中去综合选择配置。

高风险的配置账户的特点是赚了可以更快地实现财务自由。闲钱或不影响生活的资金可以投入，万一全部亏了，生活依然可以继续下去，不至于成为灭顶之灾。

中风险的投资账户需要比较长时间的积累和等待，要做好长期的准备。

尽量不要出现中途贱卖的情况，以确保资产长期稳健增值。

低风险的投资账户，虽然很多时候它的收益率低于通货膨胀水平，但它能带给我们安全感和幸福感，这是这个账户的最大效用价值。

在这些账户的安排中，需要兼顾短期、中期和长期收益性的资金需要。

我们每个人在一生中都有可能遇到不能劳动、失去收入的时候。这一天到来，也许是突然遇到事故导致的，也有可能是突然罹患重疾导致的，还有可能是不得不面对的失业等导致的。在这三种情况发生之前，人人都希望能提前给自己安排好持续被动的现金流，在万一没有收入时，还可依赖这被动的现金流继续生活下去。尽早配置这三个投资账户就显得尤为重要。

这三个账户安排好后，实现财务自由就只是时间的问题。

人生变化无常，当家庭成员出现意外，或者是收入和支出发生变化，资产配置账户的比例也需要调整，顺应新的资金需要。资产配置是一个动态的过程。

依据家庭资产配置图，金钱不是配置在一个地方，三个账户都需要去安排。家庭背景和结构不同，配置在不同账户的比例和金额也会不同，没有标准答案，每个人可依据不同人生阶段的不同目标来选择。在人生各个阶段，特别是在面对重要的大额支出时，需要依据下图认真思考和梳理。在下图中必不可少的是应付当下生活的银行活期账户和避免意外、疾病等风险导致贫穷的保险账户。投资账户是锦上添花的安排，是排在最后的一个资金账户。

如何正确选择和配置保险

家庭资产配置图

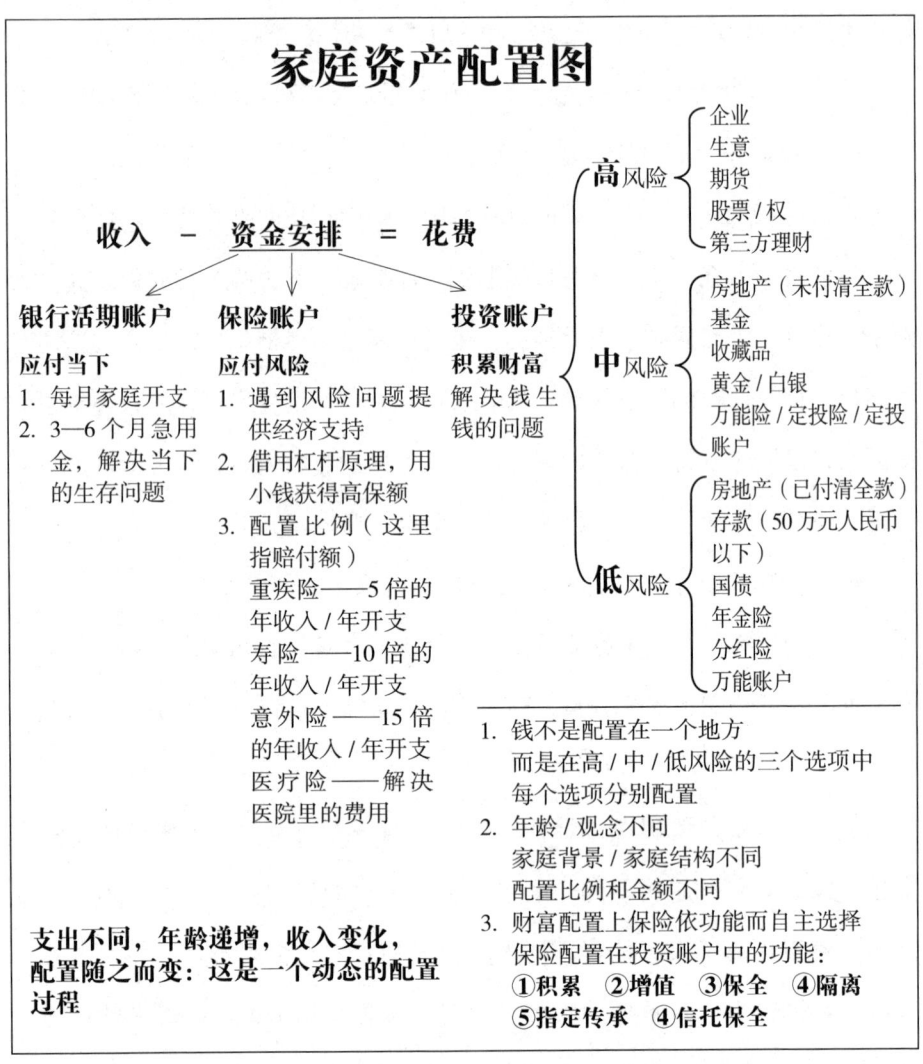

收入 － 资金安排 ＝ 花费

银行活期账户
应付当下
1. 每月家庭开支
2. 3—6个月急用金，解决当下的生存问题

保险账户
应付风险
1. 遇到风险问题提供经济支持
2. 借用杠杆原理，用小钱获得高保额
3. 配置比例（这里指赔付额）
   重疾险——5倍的年收入／年开支
   寿险——10倍的年收入／年开支
   意外险——15倍的年收入／年开支
   医疗险——解决医院里的费用

投资账户
积累财富
解决钱生钱的问题

高风险
- 企业
- 生意
- 期货
- 股票／权
- 第三方理财

中风险
- 房地产（未付清全款）
- 基金
- 收藏品
- 黄金／白银
- 万能险／定投险／定投账户

低风险
- 房地产（已付清全款）
- 存款（50万元人民币以下）
- 国债
- 年金险
- 分红险
- 万能账户

1. 钱不是配置在一个地方 而是在高／中／低风险的三个选项中 每个选项分别配置
2. 年龄／观念不同 家庭背景／家庭结构不同 配置比例和金额不同
3. 财富配置上保险依功能而自主选择 保险配置在投资账户中的功能：
   ①积累　②增值　③保全　④隔离
   ⑤指定传承　④信托保全

支出不同，年龄递增，收入变化，配置随之而变：这是一个动态的配置过程

　　想快速实现财务自由其实也可以很简单很简单：控制欲望，减少支出，以极简的方式生活，就是一碗饭一张床而已。这样的人生状态，无外乎是拥有一份工作，有足够的现金流，能解决一日三餐，夜间有一张床可以安然入睡。此外，拥有意外和疾病保障，在万一遇到风险时，有足额保险金用来解决问题，不至于拖累亲人。这样的日子虽然简单，却

第一章　家庭资产配置的三个账户

可以很安心。

有追求、有梦想、有理想、肯拼搏的人通常对人生都有自己的高要求，他们会竭尽全力去为家庭、为社会、为国家创造更多的价值。他们需要更客观周全地安排家庭资产配置的三个账户。

对于一个人来说，无论是甘于过平凡的生活还是立志追求远大的理想，都需要安排这三个资金账户应对一生。那些平凡的人，只想解决自己的一日三餐，在未来没有劳动能力的时候一日三餐还得继续；那些为了远大理想奋力拼搏，去创造更多更大价值的人，也需要为自己未来没有劳动能力的时候做好安排，让有品质的生活在退休后可以继续。每个人每个家庭都需要提前安排这三个资金账户，以应付人世间有可能遇到的林林总总的问题。三个账户缺一不可。能够提前安排好这些，以后就不需要担心家庭成员万一遭遇人生风险，有可能导致的家庭资金损耗，一切的安排不会被打乱。理想的生活状态的达成，就只是时间长短的问题。

每个人的人生追求不同，需要的被动现金流金额也会有差异。每个人、每个家庭都可以依据上述配置图来提前安排和配置。

在本章最后，留个问题给读者思考：在以上所述的家庭资产三个账户配置图中，第二个保险账户中全部是保险工具，第三个账户中的中风险和低风险工具中，都有保险产品。我们把这个资产配置图中的所有工具列成两大类别——保险工具和其他投资工具，这两类工具有什么区别呢？这个问题的答案，在接下来的第二章中可以找到。

第二章
保险的保全作用属性

本章让大家了解保险产品与非保险产品的区别，即保险的法律属性，深度理解保险工具独特的保全作用，进一步理解保险在家企隔离、婚姻隔离、代际隔离中的独特作用。

在家庭资产三个账户的配置图中，保险资产与其他资产的区别是什么？个人的保险资产与个人的其他资产的最大区别在于：资产的归属性质不同。在家庭资产的三个账户中，除了企业（法人通常与企业相关联，操作简单，可以随时变更。本章不做解析）以外的其他资产都属于自然人直接记名资产。这些直接资产，在面临财产分割问题、债务问题、被继承的问题时都会直接相关联。本章将重点介绍保险产品特殊的法律属性，以及家企隔离、婚姻隔离、代际隔离中，保险产品的特殊保全作用。

保险合同中的主体对象

先来理解保险合同中的主体对象。保险合同包含投保人、被保险人、受益人三个人。这三个人分别在不同的情况下领取保险金，我们用下图来直观地进行说明。

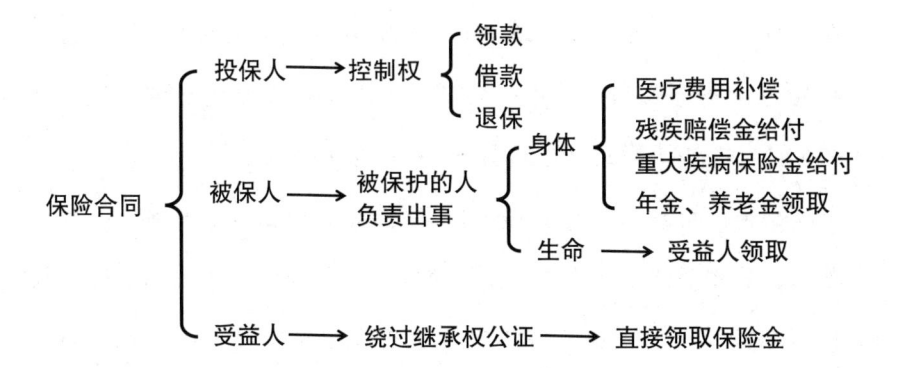

```
                          ┌ 领款
        投保人 ─→ 控制权 ┤ 借款
                          └ 退保
                                      ┌ 医疗费用补偿
                                      │ 残疾赔偿金给付
保险合同  被保人 ─→ 被保护的人  身体 ┤ 重大疾病保险金给付
                    负责出事        └ 年金、养老金领取
                                生命 ─→ 受益人领取

        受益人 ─→ 绕过继承权公证 ─→ 直接领取保险金
```

保险合同中的投保人，拥有对保单的绝对控制权。在保单的有效期内，保险合同中的现金资产或账户资产是属于投保人的资产，领款、借

款、退保时，保险金只能直接进入投保人的银行账户。

被保险人在保险合同中的专业称呼是"保险标的"，简单解释就是保险合同所保的人。说得难听一点：被保险人就是合同中发生事情的人（被保险人负责出事）。保险公司是依据被保险人出现事情的情况的不同来决定保险合同中的钱是给被保险人本人还是给受益人。如果被保险人本人还生存，只是身体出现问题，比如残疾赔偿金给付、医疗费用补偿金、重疾保险金给付、养老金及生存金领取等等，这些情况是由被保险人本人领取保险金（被保险人未满18周岁的可以由投保人或监护人代领）。

如果被保险人身故，保险公司理赔款就给受益人。

受益人是指被保险人身故后，直接领取保险赔偿金的人。在被保险人满18周岁前，受益人由投保人指定。在被保险人年满18周岁后，受益人可以由投保人和被保险人协商后共同指定，也可以由被保险人自己指定。被保险人身故，受益人直接领取赔偿金，不需要经过继承权公证流程。

自然人身故后，其财产在被继承时，都需要按照法定的继承顺序进行分配。法定继承程序就是"继承权公证"。大家可以通过多种渠道查询"继承权公证"的法律释义，在此引用通行的解释条文：

继承权公证：指公证机关根据当事人的申请，依法确认当事人是否享有遗产继承权的证明活动。当事人申请办理继承权公证，应当到有管辖权的公证处提出申请。如果若干个当事人申请办理继承同一被继承人的遗产，应当共同到公证处提出申请。申请时，当事人应递交公证申请书，同时提交下列证件和材料：当事人的身份证明，如工作证、身份证、户口簿等。被继承人的死亡证明，如有关医院出具的死亡证明书、尸体火化证

- 24 -

明书，或有关派出所出具的注销户口证明。如果被继承人是被宣告死亡的人，当事人应提交人民法院关于宣告死亡的判决书。被继承人所留遗产的产权证明，如房产所有权证书、银行存款单、股票号码与数额等。被继承人生前立有遗嘱的，当事人应提交遗嘱原件。当事人与被继承人关系的证明。代位继承人申办公证的，还应提供继承人先于被继承人死亡的证明以及本人与继承人关系的证明。

公证机关办理继承权公证，应当重点审查：被继承人死亡的时间、地点、死因，以及所留遗产的范围、种类和数量。被继承人生前是否立有遗嘱，遗嘱是否真实、合法，有无变更或撤销的情况，以便确认其效力。当事人是否属于法定继承人范围或者遗嘱中被指定的继承人。当事人是否属于代位继承人或者转继承人。当事人接受或放弃继承的意思表示是否真实。还应审查是否遗漏了合法继承人，避免因为疏忽而侵害他们的合法权益，甚至引起纠纷。

关于遗产继承还可以查阅《民法典》，在此不对此项权益做过多的法律解释。

通过遗产继承的通俗解释，简单理解继承权公证要办理的三件事情：

第一件事情：了解已故的人名下有哪些资产及对应的价值。关于这些资产必须能够提供书面证明材料，比如房产证、银行账号、股票账号以及这些资产对应的价值数额等等。

第二件事情：开具继承财产的人与已故的人之间的关系证明。这包括第一顺序继承人、代位继承人等与已故的人的关系证明。没有第一顺序继承人的，轮到第二顺序继承人继承。

第一顺序继承人包括：配偶、子女、父母。

配偶是指法律上的合法夫妻。

子女包括婚生子女、非婚生子女、养子女和有抚养关系的继子女。

父母包括生父母、养父母和有抚养关系的继父母。

有第一顺序继承人的，第二顺序继承人不能继承。没有第一顺序继承人的就会轮到第二顺序继承人。第二顺序继承人包括：兄弟姐妹、祖父母、外祖父母。

第三件事情：有继承利益的所有人必须同一时间去同一公证机构通过录音录像加文字的严格流程完成这份记载继承比例和具体金额的公证书。

这三件事情缺一不可，在所有的财产继承事件中，耗时耗力争夺财产的，都是在这继承权公证环节。有可能会突然冒出多个继承人来分配已故的人的财产。如果出现遗嘱证明某个人或某几个人可以多得财产，其他人少得财产，证明遗嘱的真实性就成为需耗时耗力走法律诉讼程序的另一件事情，继承权公证需要所有的继承人都到公证处，同时认可继承比例，才会形成继承权公证书面文件，即继承权公证书。有了这个继承权公证书，已故的人的财产才能在各个机构完成过户继承，房管部门依据继承权公证书过户房子给继承人；银行依据继承权公证书完成账户资金被继承人领取流程；企业、股权、股票等等资产都依据继承权公证书完成被继承流程。

如果没有完成继承权公证环节，已故的人名下的所有的资产都无法完成过户继承。如果已故的人生前有债务纠纷，这些资产将全部被冻结，先偿还债务再分配继承。

第二章 保险的保全作用属性

在财产继承方面，保险资产跟自然人名下的房产、企业、存款、股票、股权等财产不同，如果保单有指定的受益人，并且受益人依然享有受益权，保险赔偿金则直接给受益人，不需要经过继承权公证流程。

保险产品的这个特殊性，用在资产传承上是最便捷的工具。

保险合同有填写受益人的，在被保险人身故时，如果指定的受益人依法拥有受益权，保险赔偿金就会直接给受益人，不需要经过继承权公证程序。没有指定受益人的，比如受益人填写的是"法定"，或者受益人先于被保险人离世的，或者被保险人和受益人在同一次事故中同时离世/受益人被认定先于被保险人死亡的，或者受益人失去受益权的（比如受益人故意谋害被保险人的），在这些情况下，保险金将成为遗产按照法定继承程序分配。

受益人的填写有三种方式：法定、指定一人、指定多人。这三种情况各有什么利弊呢？

第一种填写方式：法定。如果没有第一顺序继承人可填，那就不得不写法定。填写法定继承的跟自然人的其他资产一样需要走法定继承流程。

第二种填写方式：指定一人。这种填写方式会存在一定的弊端，一旦受益人丧失受益权，保单就没有了受益人，一旦被保险人身故，就会按照法定继承流程进行分配。受益人丧失受益权的情况包括以下几种：

1）受益人先于被保险人身故，又没有及时指定其他受益人；

2）受益人和被保险人在同一次事故中离世，且无法推定死亡的先后顺序的，认定受益人先于被保险人死亡；

3）受益人因某些特殊原因丧失受益权的，比如受益人谋害被保险人等等。

第三种填写方式：指定多人。受益人可以填写多个人（多个人都是第一顺序继承人），总份额为100%即可。在填写多个受益人的情况下，即便是有个别受益人丧失受益权，此受益人的份额也将分配给其他拥有受益权的受益人，其他受益人不需要经过继承程序即可直接领取保险金。受益人还可以按照顺序填写，比如第一顺序继承人、第二顺序继承人等等，被保险人身故时，如果第一顺序继承人健在且拥有受益权，就由第一顺序的继承人继承100%的保险赔偿金，没有第一顺序继承人就轮到第二顺序继承人。

受益人的个人信息，包括姓名、身份证或其他证件号码、联系方式、通信地址尽量填写完整。不仅便于快速理赔，在保险公司联系不上投保人和被保险人的时候，这些信息方便保险公司工作人员联系上受益人。

我国法系为大陆法系，在实行大陆法系的国家和地区，人身保险合同中的投保人、被保险人和受益人通常要求有可保利益关系，一般是指直系亲属关系。

通过以上内容，我们可以明白：保险合同中的资金，保险公司在任何情况下给钱，只能给投保人、被保险人和受益人中的任意一人，不能给其他人。这是保险的保全资产功能的主要原理。由此保全原理衍生出来保险强大的隔离功能：家企隔离、婚姻隔离、代际隔离。

保险在家业和企业之间的隔离即家企隔离中有其独特的作用。对于企业家来说，遇到市场环境好的时候可以一年赚一辈子的钱；遇到经济大环境不景气的时候，企业的经营有可能很难坚持。近两年由于疫情影响，中国乃至全球都有数以万计的企业倒闭。在异常艰难的时候，为了让企业继续经营，企业家们有可能押上自己的全部身家去帮助企业渡过难关，更严重的甚至还有可能到处举债去帮助企业渡过难关。

从古至今，太多企业家沉沉浮浮，有时候成和败真的只是朝夕之隔。通过历史记载、新闻报道和网络搜索，都可以找到许许多多经营成功又顷刻崩塌的企业的例子。全世界的企业的平均寿命不到5年。如果说企业经营不下去是一种正常现象，那么牵连家庭就是不正常现象。现实中那些因为企业倒闭祸及家庭的，几乎都是因为企业主对家庭财务和债务隔离的疏忽，导致企业破产的同时连累到家庭，家庭的私人资产也没能保住，被迫拿去偿还债务。其中最主要的原因是企业财产和家庭财产的混同。企业主们一定要严守企业和家业的界限，以保证万一企业倒闭时，能保全得来不易的家业。

保单价值作为家庭私人资产的一部分，如果是在正常经营期间，用个人税后所得购买的，企业万一遇到问题，不至于影响到保单。现实中祸及企业主保单的，大多是企业主的私人债务导致牵连保单现金价值。

商业保险是一个很好的风险管控工具，《民法典》《保险法》等法律，对人寿保险有明确法条确定其资产隔离作用。

家企隔离中被广泛使用的金融工具是"大额保单和保全类信托产品"。通过以上对于保单中投保人、被保险人、受益人领取保险金的讲解，读者会更容易理解保单在家庭财富中的保全作用。保险公司给付保险金时，只能给保单中的投保人、被保险人和受益人这三个人，无法给其他人。保险产品在保险金方面的保全作用，对于企业家的家业和企业的隔离来说是最简单最有效的。

保险在世界上已经有几百年的历史，发展很成熟。各个国家和地区在保险方面的法律法规都很成熟。鉴于保险是民众生活的一道屏障，国家对保险资金的监管力度非常大。银保监会对所有保险公司统一监管。保险资产的安全性通常优于其他资产。

在企业正常经营期间，企业收入经过正常的税务环节已经成为企业主的个人收入后，企业主可用个人合理合法的税后所得去配置大额保单。这些保单的保费总额高，保单价值也会很高。万一企业未来遇到问题难以继续经营，企业主家庭可以依赖这些高价值的保单继续生活，甚至再次起航去创立新的生意。

保险在婚姻资产中的隔离功能即婚姻隔离功能也逐渐被越来越多的人了解和使用。通过对保单中投保人、被保险人、受益人领取保险金的讲解，读者会更容易理解保单在婚姻财富中的保护作用。

父母为子女在婚前配置的保险，是永远属于孩子本人的个人资产，跟孩子未来的婚姻家庭财产没有关联。父母作为保单的投保人和受益人，孩子是保单的被保险人，这样可以确保财产只给自己的孩子，不会给其他人。

父母为已婚的子女购买的保险，视为父母对子女个人的赠予，是永远属于孩子本人的个人资产，与他人无关。即使子女婚姻不顺，在分割资产时，保单资产也不被分割。

婚姻是人们心灵和身体的美好归宿，是让大多数人幸福一生的归宿。

第二章　保险的保全作用属性

无论婚姻是否能善始善终，在婚姻方面多一点提前安排，借助一些适当的工具提前做应有的保护，终归是只有好处没有坏处的事情。如果婚姻中的两个人是永远的整体，保险资产也是为两个人的人生保驾护航，无论是雪中送炭还是锦上添花，都是好事。如果两个人没能够走到终点，这样做则可以更好地保护个体的利益。

用购买保险的方式保护资产，无论未来的婚姻怎样，这份保单里的资产都属于自己本人而非夫妻双方。这当中还有一些操作上的细节：如果要做到彻底划清界限，完全做到婚姻隔离，要么在结婚前把保费交清；要么在结婚后由自己的父母作为保单的投保人继续交费。保单的投保人可以随时变更。这些细节都比较好解决，前提是自己要有这样的思维去提前做安排。相比于婚前财产公证，用购买保险的方式来做婚前财产保护，既可以做到不伤感情又简单直接，更有效。

保险在婚姻资产中还有另一个作用，在已婚的家庭中，夫妇中的一方为自己配置保险，或者为孩子添置保险，即便未来万一婚姻无法继续，大部分的情况下，保单都不会被分割，极少数人极端情况下也有可能分割保单价值。如果万不得已需要分割保单，也仅仅是分割婚姻持续期间保单的现金价值的一半，而不是分割保费（消费者购买保险的费用）。现金价值通常远远小于保费，即使万一被分割也仅仅是分割一小部分而已，保单本身不会被分割。已婚夫妇为孩子配置的保单，一般不会被分割。这样就很好地保护了婚姻家庭中无辜的孩子，也保护了这一段婚姻中的一部分财产。

购买保单时，如果是自己做投保人，同时自己做被保险人，离婚时如果不需要分割就可以直接带走，不需要做变更。受益人可以随时修改。如果离婚前对方是自己的保单的受益人，简单修改即可。如果万一需要分割保单，也仅仅是分割婚姻持续期间的一半的现金价值而已，可以不退保，只计算现价的一半给付，保单可以保留下来，保单本身的价值是远远高于现金价值的。如果投保人和被保险人是夫妻双方，就需要协商变更投保人，以免将来离婚后，投保人随意退保导致被保险人失去保障。按照保险退保规则，投保人退保不需要经过被保险人同意即可直接办理。

综上所述，离婚后不分割保险的几种情况如下：

①结婚前，自己买的保险且已经付清保费，属于个人财产，不分割；

②结婚后，用个人财产给自己买的保险，只要能证明保费是来源于个人的财产即可不分割；

③父母作为投保人，子女作为被保险人购买的保险，不管子女是否结婚，都属于父母的财产或属于父母赠予子女的个人财产，不分割；

④本人获得的亲属的身故赔偿受益金，不分割；

⑤自己罹患重疾和意外残疾而获得的赔偿金、医疗费用补偿金，这些都属于个人专有财产，即使这份保单是用夫妻共同财产买的也不能分割。

善用保险在婚姻中的作用，可以更好地保护个人的利益。

代际隔离是指资产在上下两代人之间被继承时确定且安全的保护作用。无论是父母传给自己的资产，还是自己传给下一代的资产，在被继承的过程中都要考虑以下三个方面的问题：

第二章 保险的保全作用属性

第一个问题是继承的资产是什么。是房产、企业、存款、股票、保险等等资产中的一种还是多种？这些资产在继承过程中，会出现哪些问题？能不能做到万无一失，保证只给自己的家人？其他人会不会因为法定原因成为没有预料到的继承人？

第二个问题是自己名下的资产用什么方式给继承人。是有生之年提前赠予，还是百年之后走继承权公证流程？在赠予或被继承过程中，会有哪些问题出现？能不能做到万无一失呢？

第三个问题是财产继承的流程和成本。在传承或继承的过程中，会不会产生成本？会产生多少成本？这些成本在继承的时候继承人能不能拿得出来？能不能承受得起？有没有办法节省这些开支？如果不得不支付这些成本，有没有办法提前"精准准备"？

以上这些问题，大部分时候大家都觉得离自己很遥远，不想提前思考安排。也有人认为考虑这些问题不吉利。笔者在20年保险从业经历中所办理过的死亡理赔案例中，见过太多的常人意想不到的事情：有的是找不到已故的人名下的资产，有的是继承遗产时遇到财产纠纷，特别是不出席继承权公证环节而想多要份额的情况……人性是没有办法预估的。出现这一系列问题，大部分的时候都是因为没有提前考虑，提前做安排。在这些继承事件中，由于已故的人没有留下记录资料，笔者看到了继承人寻找已故之人的财产的艰难。在继承权公证的过程中，笔者看到了他们心力交瘁的样子。笔者真的很想通过此书呼吁所有人：请用笔和纸罗列自己有生之年的所有资产，包括所有的银行卡账户、股票账户、房产证信息等等。把这张纸放在家人能找得到的地方，可以制作很多份放在不同的地方，以确保万一自己不告而别，这辈子打拼下来的资产都能被家人快速找到，不至于因为家人不知道而没有列入财产继承范围从而失去。

笔者在这方面的深刻体会源自多次的身故理赔经历，源自真实的财产继承中不应该出现的现象，这些死亡理赔案例中，除了保险理赔简单直接地将赔偿金给了受益人，已故之人名下的其他资产在被继承过程中，往往会发生寻找财产困难、继承纠纷等问题。希望此书出版之后，可以提醒更多的人提前做好财产安排，避免这些问题发生。罗列自己的财产清单，写明自己的财产安排计划，好过没有任何资产记录和没有任何安排交代。

罗列了这么多的继承问题，我们会发现保险作为资产传承工具，可以做到简单、私密、无成本，精准给予自己想给的人。

财产继承中的私密性，也许是少部分有一定财富的人会考虑的问题，事实上这是所有人都需要考虑的问题。保险资产跟其他资产在继承方面的私密性情况如何呢？

财产传承中的私密性问题是指在传承过程中不需要让大家知道，就可以按照自己的意愿直接给自己的家人中的某一个或某几个。财产如果以继承方式传承，根本谈不上私密性，继承权公证的三个环节将已故之人名下的财产全部公之于众进行分配。一直以来，保险的隐藏属性和私密传承特性都被广为称赞。保险资产被继承的时候，是由保险公司直接转账给受益人，已故的被保险人既可以用这种方式把保险赔偿金给予自己想给的某一个或某几个人，又可以避免其他人知道这个事情。保险资产的私密性极强，除了投保人和被保险人本人以及保险业务员之外，几乎没有其他人知道保单中的具体情况。保单的私密程度全掌握在投保人和被保险人自己的

第二章 保险的保全作用属性

手里。

为避免资产成为不可控的继承资产，有一种常见的办法就是提前过户赠予，这是有一定资产的人会提前安排的一种方式。提前赠予的不足之处在于赠予之后就失去了控制权。身边也有很多这样的例子，资产给出去了，自己出现极端状况想拿回来用，却再也拿不回来了。

资产以保险的方式传承，既可以保留永远的控制权，又可以提前做好安排，完全按照投保人或被保险人的意愿做好私密性的安排。自己作为投保人和被保险人的，父母、配偶、子女都可以是受益人，自己有着绝对的掌控权。自己是投保人，孩子或父母是被保险人的，自己可以是受益人，这样的安排下保险就是提前的赠予，自己作为投保人也永远保留着控制权。

当然，并不是说要把所有的资产都变成保险，这是不可能的，人活在世上，每种类型的财产都有它独特的作用。在诸多的财产中，拿出一部分来以保险的方式做万无一失的安排，把家庭资产保护好才是上上策。

以上详细讲解了投保人、被保险人、受益人这三个人领取保险金的不同情况，我们从中可以发现，不管保险公司在什么时候在什么情况下给钱，都只能把保险金给投保人、被保险人、受益人三人中的一人，无法给其他人。确保了保险合同中的资金永远只在被保险人的亲属中流通，无论发生什么样的事情都不会流入外人之手。由此可见，保险合同中资金的归属保护性极强。这也是保险的保全功能的体现。

以上是保险工具与其他工具在资金效用上的区别，能明显地体现出保险的灵活保护作用，这也是保险固有的法律属性的体现：**保险，是写上名字的钱，是写上用途的钱。**

第三章
保险的两大功能和八大类别

本章介绍保险的功能和类别，让大家明白每一种保险产品的功能和配置顺序，帮助大家在选择保险的时候更客观更理性。

第三章 保险的两大功能和八大类别

保险有着独特的稳定家庭经济的作用，其特有的保全和隔离的法律属性也可以更好地保护我们的资产，它拥有着其他工具无法替代的功能。在选择配置保险产品的时候，需要怎样区别对待这些独特功能呢？保险产品本身包含哪些功能和类别呢？下文将用图文结合的方式，全面讲述商业保险的两大功能和八大类别。

第一个保险产品类别是意外保险。意外保险是普通民众需要的三个基础保障之一。

把意外排在第一位，是因为它无法由自己掌控。即便自己小心谨慎，外人的不小心也可能造成伤害。意外与疾病对我们而言都属于不可控风险，只是意外包含更多的不确定性：比如不知道会不会发生；不知道什么时候会发生；一旦发生的时候不知道是非常严重的大事（身故、残疾），还是仅仅花钱看门诊就能解决的小事。

意外指外来原因直接导致的事件，为了便于理解，举例说明如下：

1）物理性伤害：割伤、摔伤、烫伤、炸伤、溺水、交通事故、自然灾害等等；

2）化学性伤害：一氧化碳中毒、二氧化碳中毒、农药中毒、其他有毒物质中毒等；

3）生物性伤害：猫抓狗咬、虫咬、蛇咬、其他动物咬等等。

意外保险解决的问题是：

$$意外 \begin{cases} 身故给付 \\ 残疾给付 \end{cases} 给付型 / 可多份合同叠加 \\ 医疗费用 \quad 补偿型 / 凭发票报销$$

意外保险，除了极个别的重大交通意外保险有储蓄型的之外，绝大多数都是消费型的。

1. 消费型意外险

消费型意外险是指有风险发生时按合同约定利益赔付，若没有发生风险，合同到期后保费不返还。消费型意外险的保费一般与年龄无关联。

消费型意外险的保费根据一个人的职业来确定，从事的职业风险性越高，则保费越高。如果一个人从事多份职业，按照风险等级最高的职业来收费。

消费型意外险的保障范围有三个方面：

①意外身故；

②意外残疾；

③意外导致医疗费用支出。

意外身故、残疾属于给付类保险，身故金通常赔给受益人。

残疾分一至十级，针对不同等级给付不同比例。残疾赔偿金通常由被保险人领取，被保险人未满18周岁的，由被保险人的监护人领取。残疾的比例中一级最为严重，称为全残，给付金额通常等同于意外身故赔付金额。商业保险残疾比例使用国家统一标准。消费型意外险的身故和残疾赔偿金买多少额度就赔多少金额，可以向多家保险公司购买，也可以在同一家保险公司买多份，理赔时叠加给付。

意外医疗险属于补偿类保险，无论买多少家保险公司的保险，无论买多少份，加起来赔的金额不超过这个人在医院的总花费。商业意外医疗保险的保障范围通常包含门诊费用和住院费用，依照损失补偿原则，损失多少赔多少。

社会保险的公费医疗保险中与意外有关的，包括工伤保险和医疗保险。社保医疗和商业意外保险在发生意外事件时的赔付有比较大的区别，以下做简要说明。

社保的工伤保险是国家的福利保险，与工作相关。工伤定义的专业解释可见法律条文，此处为便于理解用通俗的解释。

工伤保险，又称职业伤害保险。是指与企业签署劳动合同或者存在事实劳动关系的劳动者，在工作时间或者从事与工作有关的事务时遭受意外伤害或患职业病；或者劳动者在上下班途中遭遇交通工具导致的意外事故，在这些情况下，导致劳动者暂时或永久丧失劳动能力以及死亡时，劳动者本人或其直系亲属从国家和社会获得经济物质帮助的社会保险制度。

工伤事故的认定原则：不管什么原因，不管责任是在个人还是他人，都享有社会保险待遇，即补偿不究过失原则。

工伤保险是通过社会统筹的办法，集中用人单位缴纳的工伤保险费，建立工伤保险基金，在劳动者于生产经营活动中遭受意外伤害或职业病，并由此造成死亡、暂时或永久丧失劳动能力时，给予劳动者法定的医疗救治以及必要的经济补偿的一种社会保障制度。这种补偿既包括医疗、康复所需费用，也包括保障基本生活的费用。

发生意外伤害就医治疗时，如果不属于以上描述的工伤时，是否可以用社保的医疗保险就医呢？

现实生活中许多人都会认为，去医院付费就医时，不管发生什么意外事故，都可以刷医保卡用公费医疗报销。在医院的付费窗口，一般都会张贴醒目的告知事项：

以下情形导致的意外不能用社保医疗卡报销：

（1）工伤导致的（属于工伤保险范畴，不属于医疗保险范畴）；

（2）本人故意行为导致的就医，比如自杀、自残、自伤等；

（3）第三方责任导致的医疗费用，应由负责任的第三方承担费用，比如交通事故、打架斗殴等；

（4）境外发生的意外就医产生的费用。

2.储蓄型意外险

意外险大部分是消费型险种，但也存在储蓄型的意外险。储蓄型的意外险是特殊保障类型的意外险，保障身故和残疾，通常侧重交通意外高额保障，除了基本的保障功能外，还有储蓄功能，如果在保险期内不出事，在约定时间，保险公司会返还一笔钱给保险受益人，就好像逐年零存保费，到期后进行整取。

第二个保险产品类别是医疗保险，解决因疾病或意外就医时的费用支出。医疗保险是普通民众需要的三个基础保障之一。

医疗保险是消费型保险，有风险发生时按合同约定利益赔付，若没有发生任何事情，到期后保费不返还。

医疗保险通常按照自然费率收费：保费按照人在不同年龄发生疾病的概率收费，通常年龄越大保费越高；特殊情况下年龄小的人保费也会比成年人高，比如6岁以下的儿童，保费也会比7岁以上30岁以下的人群高，因为这些年龄段的人群更容易发生疾病。

医疗保险按照"损失补偿原则"理赔，即"社会福利保险＋商业保险"全部赔付的总额不超过患者实际发生的医疗费用。

医疗保险分社保福利医疗保险和商业自费医疗保险，解决的是花钱治病的问题。社保医疗是国家给我们的大福利，真正的小投入大回报。社保关照的是所有人，让患病者病有所医，没法包揽个人就医时的所有费用，比如社保目录外的和昂贵的进口药品器材费用，更没法保证患者就医的高品质。

大部分因病致贫的人并不是没有公费医疗保险，而是因为没有高额的商业医疗保险。社保医疗，包含的是甲类和部分乙类药品器械。因病致贫通常都是因为罹患的疾病比较严重，需要长期服药治疗，或者罹患的疾病非常严重，甲类药械不起作用，不得不用部分自费的或全部自费的药品器械。电影《我不是药神》里描述的就是这样的情况。科技的发展，让很多的新药和新的治疗方式问世，过去的不治之症现在可以治愈或可以使患者长期带病生存，长期养病花费巨大，患者面临的是花自己口袋里的钱还是花保险公司的钱的问题。

当一个人患病时，患病的人是否能够带病赚钱？他的家人需不需要停下工作来照顾病人？需不需要额外花钱请人照顾病人？病人是只需跟正常时一样的一日三餐，还是需要讲究营养搭配的特殊的一日三餐？一个家庭里如果出现一个严重的病患，全家的日常生活都会被打乱。总有人没法正常工作赚取收入，生活日常开支依然需要持续，还额外增加了许多的开支……

文字描述没法带给人直观感受，如果时间允许，去自己家附近的医院的重症监护室外面待上几个小时，或者去医院里的住院部走一走，以他人的真实故事为鉴，妥善安排自己的一生，这是一种智慧。

病情越严重，自费部分的费用就会越高。如果患病时追求就医品质，想用昂贵的药品和器材，自费比例就更高。这些费用都需要自己承担。商业医疗保险保费便宜，多数人承受得起。各家保险公司都有一年保费几百元起、保额100万元以上的百万医疗保险。如果每位家庭成员都有这样的百万医疗保险保障，就不用再担心因病致贫。

医疗保险保额有高有低，有每年可以报销100万元、200万元、400万元的，还有一年可以报销600万元甚至800万元的。随着社会的发展，未来还会有报销额度更高的医疗保险问世，满足不同人的需要。

医疗费用支出，分三种情形，有的必须自费，有的靠社保公费医疗解决，有的靠商业保险。总结如下图：

医疗
补偿型
- 门诊医疗费　自费/金额不高，多数人都能承受得起
- 住院社保/公费医疗费　社保/公费医疗
- 住院自费医疗费　个人储蓄或商业保险

医疗保险的分类

为便于理解，我们按照医疗保险的产品来划分，帮助大家厘清不同类

型、不同保费的医疗保险的原理。

医疗保险按照保障范围，可分为国际医疗保险和境内医疗保险。

国际医疗是可以在全球使用的医疗保险。这类保险保额通常都很高。保额高主要是基于两个方面的原因：①有些国家就医费用高昂，需要匹配高额度的商业保险；②看上去保额很高，比如一年 800 万元人民币的可报销额度，也许有不少消费者会认为这么高的额度一年根本不可能用完。但如果患者选择境外就医，人民币与某些货币换算后金额并不高。

境内医疗保险是指仅在中国境内（不包括香港、澳门和台湾）使用的医疗保险。各家保险公司都有 100 万元保额的百万医疗保险，这样的保险大多数人都买得起。虽然在保费和保障期限使用范畴方面各家公司会有些区别（在合同的条款里都会写清楚），就保险产品本身来说，保额都是 100 万元。同样的保额，各家公司保费不同，对应的保障利益和赔付标准以及后续服务（包括理赔服务）都会有差别。

医疗保险按照是否有免赔额，分为 0 免赔和有免赔。

0 免赔，在保额内实报实销，换句话说就是 100% 理赔。这类保险保费通常比有免赔的 / 有赔付比例的要高一些。

有免赔，通常有 5000 元 /10000 元 /20000 元等金额的年度免赔额。免赔额指在这个额度以内保险公司不理赔，超过这个额度的花费才属于理赔范围。年度免赔额通常是指一年加总不赔的金额，不是指单次不赔的额度。免赔额越低，保险公司越容易发生理赔，对应的保费也就越高。免赔额越高，保险公司理赔的概率越低，保费也越低。

医疗保险也有些是按照赔付比例理赔，比如100%赔付、80%赔付、60%赔付。

100%赔付，是指在保额内全赔。

80%赔付，是指理赔时赔总花费的80%。

60%赔付，是指理赔时赔总花费的60%。

社保与商业医疗保险的区别及联系

商业医疗保险的保费，根据有社保（公费医疗）和无社保（无公费医疗）区分为两种保费版本，有公费医疗的要比无公费医疗的保费低。

有公费医疗是指消费者自己拥有国家福利性质的基础社保住院医疗保险（基础医疗保险包括：①城镇职工基本医疗保险；②城镇居民基本医疗保险；③新型农村合作医疗保险）。未来每次发生就医的时候，都先走社保基础医疗理赔流程由社保统筹金理赔，社保统筹金报销后的剩余部分由商业保险公司理赔。经过社保流程不等于社保统筹金账户可以报销医疗费（能否由社保统筹金报销取决于就医情况和患者的社保具体情况）。有公费医疗版本的必须在社保的统筹金报销范畴之内经过社保报销流程后，剩余部分再去商业保险公司报销，才能按照100%理赔。如果购买的是公费医疗版本的商业医疗保险，在实际使用中，如果没有经过社保的报销流程，直接去用商业医疗保险报销，报销比例就会降低，比如报销比例降低为60%等等。

无公费医疗版本的商业医疗保险，保险公司按照100%的比例赔付就医时的所有符合条款的医疗费用。理赔总额不超过总花销。

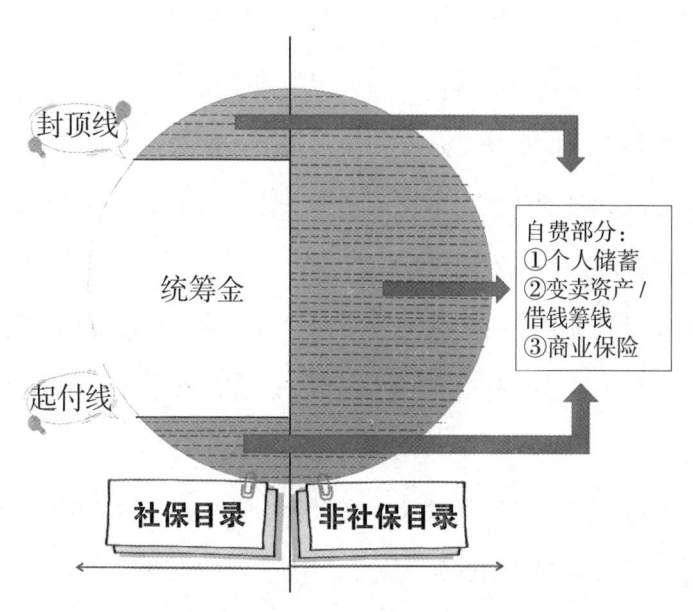

第三章　保险的两大功能和八大类别

用下图来理解公费医疗和商业医疗保险在使用时的区别和联系：

（图：封顶线、起付线、统筹金、社保目录、非社保目录；自费部分：①个人储蓄 ②变卖资产/借钱筹钱 ③商业保险）

阴影部分属于社保统筹金之外的费用支出，病情越重，治疗时间越长，这部分费用越高。

社保医疗作为国家给予大家的一项福利制度，鼓励人人都参加。我们再依据自己的情况配置商业医疗保险，避免因病致贫。

医疗保险，解决的不仅仅是医疗费用问题，更多的时候它解决的是一个人就医时的心境和情绪问题。良好的心境和稳定的情绪更有益于身体康复。特别是足额理赔的医疗保险，可以确保患者在就医时后顾无忧。

不管一个家庭的经济状况如何，为每一个人配置一份百万医疗保险，万一罹患疾病导致大额医疗费用支出时，有百万医疗就不会在患病时连累家人。百万医疗保险是大多数人买得起的保险，是个人和家庭避免因病致贫的最基础的保险。

如果经济条件优越，就选择高端医疗保险，毕竟每个人的资源都是有限的，没有一个人可以拥有全国甚至全球的优越的医疗资源。高端医疗保险不仅可以解决就医时高端昂贵病房的高额医疗费用，更重要的是，可以在全球挑选最专业的医生、最好的医院就医，保险公司提供的医疗资源直接对接服务从挂号到住院全部安排。如果选择的是0免赔的，患者就医的费用可以由保险公司直接跟医院结算。

在医疗保险方面，每个人注重的利益点不同，所需要的产品和保险公司的服务也会不同。产品没有好坏之分，适合自己的才是最重要的。

第三个保险产品类别是重大疾病保险。重大疾病保险赔付的作用是给罹患重疾的个人及其家庭经济支持，解决他们的衣食住行等各项日常开支和患病者的医疗费用以外的其他方面的支出，重大疾病保险是普通民众需要的三个基础保障之一。

重大疾病保险解决罹患疾病的人继续生活需要的日常开支、康复费用、护理费用，以及医疗保险无法承担的特殊治疗费（比如器官移植的费用）等等。

重疾
给付型
{ 收入损失
  日常生活开支/康复费
  自费医疗费　社保医疗无法报销的部分 }

在现实中，重大疾病保险和医疗保险，很容易被混淆。有不少人买高额的重大疾病保险，如果是用来解决患重疾时的治疗费用问题，就相当于花了高额的保费，买了一份极其昂贵的医疗保险。

现在处于工作状态的大部分人，并没有发生重大疾病，这些人努力工作赚钱，是因为每个月要应付许多的开支和账单。

人罹患重疾时，通常需要休息，安心养病，没办法像身体健康的时候那样努力工作赚钱。那些日常开支和各种账单依然需要支付。重疾一次性理赔给的钱就是让患病者本人和他的家人可以支付各种费用继续生活。重疾配置的额度，按照国际上重疾的5年生存率的说法，罹患重疾后如果可以生存5年，部分人就可以跟没有患病的正常人一样继续生活下去。问题的关键在于，患病者在确诊重疾后的5年内，有没有足够的钱可以应付各种生活开支，不用为生计发愁。如果不需要担心生活方面的各项开支，就可以安心养病，有助于度过这养病期间最关键的5年。一个人需要购买多少额度的重疾险就可以依据这5年的生活开支成本来计算；也可以按照一个人年收入的5倍来计算。

按照5年支出计算得出的保额通常都会低于按照5倍的年收入计算的保额。比如一个人的年收入是20万元，5倍的年收入就是100万元，一年的开支可能是6万元，5年支出总额是30万元，30万元保额对应的保费比100万元保额对应的保费肯定要少得多。选哪种方式配置保额，因家庭情况和个人的想法不同选择不同。

用一句话来区分重大疾病保险和医疗保险：重大疾病保险一次性给钱，用于养人，解决患病者本人及其家属继续生活的日常开支。医疗保险用来治病，解决的是治病花钱的问题。

重大疾病保险（以下简称重疾险）有储蓄型和消费型两种。

重疾险的储蓄型险种有保障终生和保障到一定期限两类。

保障终生的储蓄型重疾险，通常在三种情况下给钱：罹患重疾（被保险人领取）、身故（受益人领取）、105 岁满期（被保险人领取）。

保障到一定期限的储蓄型重疾险，通常在三种情况下给钱：罹患重疾（被保险人领取）、身故（受益人领取）、生存至约定的时间（比如70、80 岁）满期（被保险人领取）。

重疾险的消费型险种有独立险种和附加型险种两种类型。

独立险种有保终生的健康类重疾险和保障到一定年龄的中短期重疾险。自然费率的保费按照人在各年龄发生疾病的概率收费，年龄越大越贵。均衡费率是按照投保时的年龄对应的保费持续付费一定的年限后，保障至一定的时间或保障终生。这类保险有些没有满期金和身故金，只在发生重疾时赔付。

附加型险种，通常附加在其他主险下面。有些附加险与主险共用保额，这类保险在进行重疾理赔时，主合同的保额会等额减少，这类共用保额的附加型重疾险，通常都有"重疾提前给付"的文字提示。如果附加险保额跟主险保额相同，附加的重疾险发生理赔，主合同会结束。主险一旦结束，整份合同也会结束。如果附加重疾险的保额比主合同低，发生重疾理赔后，主合同剩余保额减去附加重疾险已经理赔的保额，剩余的就是主险保额。通常在合同里，这类附加重疾险会在条款的保险责任里写明。

也有些附加型重疾险与主合同保额分开，独立理赔各自的保额。

重疾险是在人生存期间就有可能发生理赔的险种。在现实中，有很多的主险为重疾险，合同中附加了多种消费型的可独立购买的险种，最常见的是附加了意外险和医疗险。这样的配置所导致的问题到重疾发生理赔的时候才会出现。当罹患重疾发生理赔时，保险合同因主险理赔而结束，整份合同也会结束。而有些附加险是同重疾险捆绑销售的，这种情况下的附加险通常可以豁免保费，捆绑险种继续生效。不属于重疾捆绑类的附加险，比如可以独立购买的意外险和医疗险，当主险理赔合同结束时，附加险也会终止。在这种情况下，患者其实更需要这些保险继续生效。如果这个时候意外和医疗险合同结束了，患者已经处于非健康状态下，此时是无法重新单独购买任何一家保险公司的意外和医疗类型的保险的。这是把意外和医疗险附加在重疾险合同中配置的不足之处。

当然也有一些保险公司操作比较人性化，会允许患者单独把附加险换成同等项目同等保额的独立合同。更换合同大部分的时候需要重新办理投保手续，万一患病的人出现残疾导致手不能写字签名，操作就会非常麻烦。为避免这样的状况发生，最好的办法是：将重疾险、意外险、医疗险三个最基本的伴随人一生的保险，配置为独立合同，即便是重疾险发生理赔，合同结束，意外和医疗两份保险合同为独立合同，其利益不受影响。

第四个保险产品类别是寿险，是衡量一个人身价的保险。 寿险是100%会发生理赔的保单，是许多家庭支柱一定会选择的用来照顾家人的保单。寿险是以死亡为赔付条件的险种。

寿险
给付型 { 未来10年的收入
家庭负债　金钱债/子女教育/感情债

每个生命都有价值，寿险是以死亡为赔付条件的险种。人们购买它通常不是为了自己，而是为了给其家人一个保障。保险公司以一个人是否有经济收入以及经济收入的多少来确定一个人可买的最高寿险保额，这样计算的目的是避免道德风险。

无经济收入群体，比如未成年人、家庭主妇、失业人员等，可购买的最高寿险保额，各家保险公司都会有不同的要求。未成年人的保额国家采用统一标准：10周岁以下不超过20万元，已满10周岁未满18周岁的不超过50万元。这里的限额是包括单个人在所有保险公司购买的寿险死亡赔付的总金额。有很多的高额保单，为便于未成年人以较低保费提前购买，通常都设计成18周岁前身故赔付保费或保费+收益，18周岁后赔付保额。这样的人性化设计既照顾了客户的需要，又规避了道德风险问题。

有经济收入的人购买多少保额的寿险比较合适呢？寿险保额的计算通常都有依据，按照计算方式合理配置，买保险的本人就可以匹配到适合额度。有计算依据一方面可以避免保障不足的问题，另一方面可以避免过高的保额导致支出过高的保费。有依据的计算是合理的配置逻辑，保险公司的核保也更容易通过。

接下来介绍寿险保额的计算方法。

保险是按需购买的商品，不同的人群可依据数据来计算需要购买的寿险的额度，也可以自己根据资金预算来选择适合的额度。在计算保额时，通常会采用以下三种方式：

第一种方式是计算自己现在的负债额，保额不低于负债额。负债分三种类型加总计算：

一是金钱债：计算各种贷款，比如房贷车贷等等，不仅要计算总金额，还要考虑期限。

二是养育子女成本：把孩子从现在开始培养到22岁大学毕业算完成栽培孩子的任务，这中间要花多少学费和生活费以及其他费用。在这一项计算中，一般计算的是这个孩子完成学业最基本的学费和生活费，如果还要加额外的兴趣班和业余培训费用，金额会更高，保费支出也会更高。

三是感情债：自己的父母和配偶的父母需不需要赡养？如果需要，赡养到80岁需要多少钱？配偶是否有经济收入？如果没有经济收入，万一家庭支柱离世，给配偶留足10年的基本生活成本，让对方用10年的时间走出精神和经济的双重打击，重新走上社会就职，赚钱养家。

在计算负债的时候，不仅要计算负债的金额，还要计算这些债务的期限。计算期限的目的是匹配低保费的定期寿险。因为大部分人还是要用更低的保费成本来解决人生中责任最重的那一段时间的寿险保障。选择独立的定期寿险和更便宜的附加型定期寿险更容易解决寿险保障问题。定期寿险通常都有保障期限——20年或30年或保障至65岁等等。在一个主险中附加上这些很便宜的定期寿险是解决问题的低成本办法。定期寿险都是消费型保险。当然，如果条件允许，最好是选择保障终生的终身寿险，毕竟赚钱不容易，能够储蓄下来就不要轻易消费掉。

第二种计算寿险保额的方法是自己选择现在想花多少钱来买寿险照顾家人，直接依据保费计算可购买的保额和期限。这是最简单的配置方法。

第三种计算寿险保额的方法是对没有负债的人群而言，可购买的寿险保额一般都是按照这个人一年收入的10倍来计算，也有些保险公司允许购买的寿险保额可以是这个人的年收入的15倍。在年收入的10倍或15倍以内，可以自由选择想要配置的额度和期限。

寿险分为储蓄型和消费型两种。

储蓄型寿险分为保障终生和保障到一定的期限两类。通常都是均衡费率（持续按照首次购买时的保费付费，中间通常不增加）。

保障终生的储蓄型寿险，通常在两种情况下赔付：身故则受益人领取，105 岁满期则被保险人自己领取。大额保单通常都是保障终生型。

保障到一定期限的寿险称为两全保险，也是储蓄型，通常在两种情况下赔付：身故则受益人领取保额，到约定的年龄（比如 70 岁、80 岁）则被保险人领取满期金。

消费型寿险有独立险种和附加型险种两类。消费型的寿险通常称为定期寿险，大多数是均衡费率，也有极少数定期寿险是自然费率，会按照人的自然年龄收费。

保障期限的选择很多，比如 10 年、20 年、30 年，保障到 60 岁、到 65 岁等等，也有保终生的定期寿险，保终生的通常是均衡费率（保费固定）。

寿险的保障范围，以下列图形描述更便于大家理解。

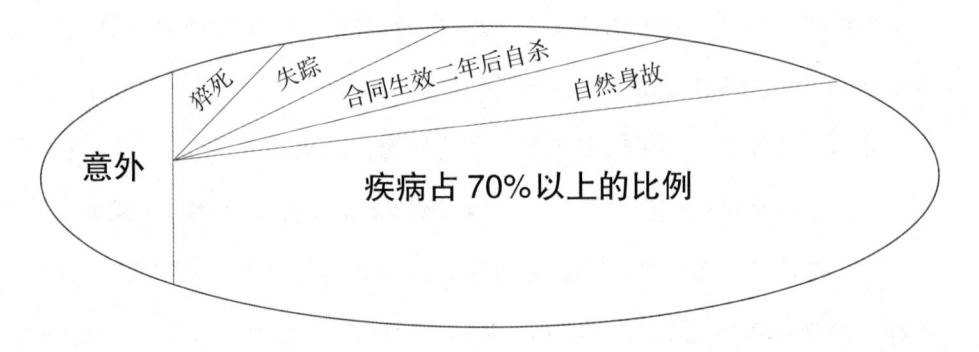

寿险保单在自杀理赔条款方面的规定：合同持续生效二年以后自杀属于理赔范畴。二年内自杀理赔的特殊情况见《保险法》第四十四条：以被保险人死亡为给付保险金条件的合同，自合同成立或者合同效力恢复之日起二年内，被保险人自杀的，保险人不承担给付保险金的责任，但被保险

第三章 保险的两大功能和八大类别

人自杀时为无民事行为能力人的除外。

以上四种保险类别（意外险、医疗险、重疾险、寿险）属于保人的保险。这四类保险借助保险的高杠杆功能——以较少的保费支出获得较高保额的保险，在人遇到风险问题时可以获得大额的资金支持，是人人都需要配置的基础保障。

保人的保险，分为保身体和保生命两种。

保身体是指被保险人虽然遇到风险问题，其本人还活着，比如意外残疾、因意外或罹患疾病需要花钱治疗、罹患重大疾病需要他人照顾还要花钱治病等。在上述情况下，保险公司把保险金支付给被保险人，通过经济支持让他继续生活下去。如果被保险人身故了，保险赔偿金就给受益人。

这类产品按照赔付上限，有给付型和补偿型两种。

给付型的产品是指可以多份合同多家保险公司叠加给付，每家保险公司都按照合同里列明的保额赔付。

补偿型的产品是赔满总损失，补偿型的人身保险产品主要是医疗保险。无论买了多少家公司的产品，无论买了多少份，总赔付金额不能超过总的就医花费，也就是说，社保等公费医疗加上商业医疗保险的报销总额不超过总花费。

购买保险，不仅仅是经济上借助保险工具的以小博大的办法，更是未来在面对问题时能从容应对的一种选择。

第五个保险产品类别是教育/婚嫁/创业金保险，这类保险是着眼于下一代的成长提前做的安排。教育/婚嫁/创业险，按照保险产品类型分为三类：固定金额的保障型、固定金额加分红收益型、固定金额加投资收益型。

教育／婚嫁／创业金 { 长远投资收益类
短期保障类

为人父母者，在对孩子的培养教育方面，都很舍得投入，父母都希望孩子能接受良好的教育，有美好的未来。为孩子准备充足的教育金是确保孩子未来接受良好教育的经济保障。这是大部分家庭都会为孩子考虑和准备的；婚嫁金和创业金有部分家长也会为孩子提前准备。

现实生活中，有人会认为：我不一定要买保险为孩子的教育和婚嫁、创业做安排，我可以买房、炒股、配置基金或通过银行理财等其他方式来安排。用这些方式做安排跟用保险做安排的区别是什么呢？

在为孩子准备教育金的方式上，我们可以问自己三个问题，来帮助自己理解用保险做安排与用其他工具做安排的区别。如果这三个问题的回答是肯定的，就可以不用通过买保险来做安排。如果这三点没法同时做到，就有必要用买保险的方式来解决。

第一个问题：从孩子出生开始，或者从计划安排教育金开始，我们每个月都保证存一笔固定的钱，一定存，一定不间断。做得到吗？

第二个问题：为孩子准备的这笔钱，不管存了多少年，不管积攒了多少钱，没有到孩子读书要用的时候，一定不挪用。做得到吗？即使是自己要买房买车差钱，甚至家人遇到疾病急需钱治病，也坚决不挪用。能做得到吗？

第三个问题：在存钱的过程中，即使自己罹患重大疾病、遇到不幸导

第三章 保险的两大功能和八大类别

致一级残疾或身故，依然可以每个月继续存钱，确保孩子未来受教育要用的这些钱一定可以存下来。做得到吗？

如果自己能做到以上三条，可以不为孩子买保险做教育金。如果做不到，就可以通过购买保险来安排教育金。

教育/婚嫁/创业金以保险的方式做安排，就是在我们人生收入高峰的青壮年时期，强制自己为孩子未来读书和生活积攒钱，确保无论发生多大的事情，这些钱都一定可以存下来，确保孩子在完成理想学业的路上有足够的资金支持。

第六个保险产品类别是养老金保险。养老金是指退休后需要的、持续的、伴随终生的现金流。

商业养老保险按领取方式分为每月领、每年领、自由领等几种类型。

养老 { 每月领 / 每年领 / 自由领 }

养老金是一个人对自己晚年生活的提前规划和态度，每个人都希望自己有充足的养老金度过幸福美满的晚年。理想的养老金配置，既要有稳健部分的安排，以确保自己基本的养老需要；又需要有增值空间，期望养老时有过高品质生活的可能性。

稳健配置部分，用于解决老年生活的基本开支需要，包括社会养老保险、商业养老保险、银行储蓄等。

增值部分，指理财投资安排。如果投资得当，可带来有品质的生活。包括股票、中短期理财、投资型房产等。如果投资没有回报也不会影响自己的基本生活。

商业养老保险需要规划多少金额，可依据自己对老年生活水平的目标，计算需要多少钱满足养老需求。专业的计算方式有"预期支出法"和"收入替代法"，这两种计算方式相对复杂，网络上也有相关描述，在此不做详细讲解。在现实中，最简单的配置方法就是预估每年能付多少保费。先按照自己当前的经济状况储备一部分，日后经济宽裕了再逐步调整增加。

每个人年轻的时候赚的钱都应该拿出一部分来为自己未来的养老做安排。现实中大多数人认为自己年轻时赚的钱不够用，没有钱去做未来的养老安排。毕竟世界上诱惑太多，想要购买的东西太多，花钱变成一件无法控制的事情。不做安排和规划，再多钱也会被花光。如果认真对待每一分钱，从有限的收入里拿出一小部分来做未来的养老金安排，通过时间来慢慢增值，就会在老年的时候有一笔可观的养老金。有个很形象的比喻说：那些不给自己做养老安排的，都是在打劫年老的自己。这话听着会有点不舒服，不过很在理。

很多的书籍和影视作品，描述了没有做养老安排或者养老金准备不足的人年老时生活的真实状态，用来告诫大家要提前准备充足的养老金以避免老年时出现同样境况。比如日本的《老后破产：所谓"长寿"的噩梦》，现实地揭露了"老后破产"在居住、生活、医疗、人际关系等方面的各种消极影响。这些书籍和影视作品给我们深刻的启示，让我们警醒：每个人只有靠自己的努力提前为养老做好充足的准备，才能保证老有所依。

第三章 保险的两大功能和八大类别

想要实现自己期望的退休生活,除了依靠社保养老金满足基本的生活消费之外,我们还应该做的就是在青壮年时,规划自己的养老金。面对未来的老龄化问题,养老既要靠国家社保,也靠现在的自己。

第七个保险产品类别是投资险。投资险是兼顾理财功能的保险,在家庭资产的三个账户的配置表中,保险工具,包括投资类保险工具,收益稳健。时间越长越能体现收益性。

投资险,按照组成收益的类型分为:

a. 自由收益型。比如纯粹万能险和纯粹定投险。

b. 定期返还 + 分红收益型。比如分红型年金险。

c. 定期返还 + 万能账户收益型。比如年金险加万能寿险的险种配置。

d. 定期返还 + 分红 + 万能账户收益型。比如分红型年金险加万能寿险的配置。

e. 定期返还 + 定投收益型。比如年金加定投的保险组合险种配置。

$$投资\begin{cases}定期返还 + 定投收益\\定期返还 + 分红收益\\自由收益\end{cases}$$

保险的收益性从短期来看,可能收益不高,但按照长期复利来计算就会显现它独有的优势。有以下想法的人群,就可以选择投资型保险帮助自己保护好辛苦赚来的钱:

①不想冒风险,想寻求长远稳健回报;

②没有时间没有精力打理;

③对投资理财不是很精通;

④花钱太随性，管不住自己；

⑤婚前财产的私有性保护需要；

⑥资产配置的多样性需要；

⑦资产保全需要；

⑧资产指定传承需要。

投资类保险，账户资金可以借来临时应急，也可以在需要时自由支取，现在保险公司提供的便捷服务，让顾客在手机APP上就可以借款和领取保险金。

当今，低利率是全球趋势，投资险就是一种应对低利率的理财方法。保险产品在设计出来的时候，就将收益率确定在合同中，一份合同有效期短则几十年长则上百年，在购买时就确定了收益，这是非常难得的锁定利率的办法，合同中列明的收益率伴随被保险人一辈子。这是其他的投资工具无法具备的功能，是保险产品特有的功能。

俗话说，"三十年河东，三十年河西"，说的是人的一生存在很多的不确定性。过去过得很好的现在或者未来不一定就好；现在不好的未来也不一定就不会变好。新冠病毒疫情，几乎让世界各国不同程度地停摆，全世界人民深度体验了一把什么叫"不可抗力"。有很形象的比喻说：新冠病毒带给全球人民的体验就如提前体验失去赚钱能力的老年生活，疫情是让人被动地失去赚钱的机会。老年人的体力等身体各项机能都会下降，极端的可能连最起码的穿衣、吃饭、出行都出现问题。疫情让大家体验的是被动失去赚钱机会的临时状态；年老是一个人真正主动失去赚钱机会的持久状态。无论是被动失去赚钱机会的疫情期间还是因机能下降主动失去赚钱机会的老年，都需要足够的现金流继续生活。如果有一份持续增值的、专属自己的投资型保险，人就会有一种依靠，不至于惶恐。凭借这些投资收益保险，能坦然应对眼前的生活，让人生更淡定从容。

一帆风顺的人，恐怕没法体验没钱的滋味。经历过挫折和波折，特别是经历过残酷现实毒打的人，更会懂得珍惜钱。这类人群在选择投资工具的时候，安全性放在第一位，收益性放在其次。

第八个保险产品类别是资产保全和传承险。资产保全和传承险通常指大额保单，比如保额高的终生寿险或保费高的年金保险。

当人生财富积累到一定的数额的时候，很有可能自己这一辈子用不完。达到这种状态的人统称为富人。每个富人都想要保护这些得来不易的财富，做好安排代代传承下去。怎样做才能万无一失呢？

世事变化莫测，我们身边有许多有钱人变得没钱的例子。来看福布斯杂志每年的富豪榜排名更容易体会到这一点。福布斯杂志从诞生到现在，富豪的评定标准都不变：对全球资产10亿美元以上的人排名。福布斯杂志第一期富豪榜出炉的二十世纪八十年代中期，全球资产10亿美元以上的富人总共140人，25年之后的2012年，第一次上榜的140个富豪中依然排在富豪榜里的只有24人，有116人掉出榜单，他们的资产是为什么失去了？想象一下，那些资产已经达到10亿美元（相当于60多亿元人民币）的富豪，就算什么都不做，只需要把钱放在银行和保险里，光用收益也很难掉出富豪榜，为何会越打理越少呢？这个问题，每个人心里都会有不同的答案。最重要的原因是：资产工具的特征所导致的资产的增值或亏

如何正确选择和配置保险

损远远超过人的能力和经济大环境所能控制的范围。回到第一章的家庭资产的三个账户和第二章的保险的法律属性，很多的资产工具原本的特征，是随市场和经济大环境的变化而变化的，这些工具所导致的资产的增值或亏损完全超越了人的能力和世事变迁的社会环境所能控制的范围。资产配置可能会让聪明人觉得对不起自己的智商，却可以帮助个人在财富的保全和增值方面稳步前行、向上攀登。

无论是疫情带给我们的领悟还是福布斯杂志的富豪榜的排名带给我们的警示，都使我们明白一点：今天有钱不一定明天也有钱！要善于选择工具作为资产保护的工具！

在自己有钱的时候，拿一部分出来放在保险合同中，保险的法律属性可以安全牢靠地帮自己保护好这些钱。

如果选择用大额保单的形式来做财富传承，不仅会有很好的杠杆作用，还可以确保配置在保险合同里的资金，永远只在自己的家族血脉中流通，不至于流入外人之手。

将保险作为资金的保护和传承工具，与用其他方式（存款、基金、股票、房产、企业等等）的区别在于，放在保险合同里的钱只能交给合同中的投保人、被保险人或受益人，给不了任何其他人。以其他形式存在的资产和资金，则无法确保一定属于自己和家人所有（见第二章中保险的特殊属性）。

也有一些保险公司，将高额寿险和大额年金保险，直接与信托工具相连接，在保险金领取时，不是一次性给受益人，而是每月给受益人。以信托的方式给受益人，还可以制定多重激励机制，约定被保险人达到不同的

第三章 保险的两大功能和八大类别

人生目标时领取不同比例的奖励金额，这样的设计和配置，既可以规避后代挥霍的后果，又可以用科学的方法帮助后代养成良好的品质。通过"保险+信托"的方式，将现在的金钱用确定的方式，挪移到未来去用，这是恒久富裕的一种保证。这里所指的未来，可以是几十年甚至是数百年后。

这里所指的信托，跟信托理财是完全不同的两件事：信托理财是理财的一种方式，注重的是投资收益性，不保证本金的安全。本章所指的信托是资产保护类信托，侧重的是资金的安全性，需要支付各种费用来保护资金的安全。资产保全类信托可能会产生收益，也有可能没有收益。想象一下：如果一个东西对你来说很重要很重要，你想要去保护好的时候，需不需要付出代价？这样的比喻也许不是很恰当，却可以通俗易懂地表达清楚含义。

世界上，保险金信托和资产保全类信托是非常成熟的资产传承方式，影星梅艳芳留给她母亲的信托金，沈殿霞留给女儿郑欣宜的信托金都是很好的保险加信托的例子。在此不做详细的说明。每个人的目的不同，选用的给付方式也会不同。资产保全类信托可以依据每个人的需要来制订自己的传承计划：给钱的规则由自己定，包括计划给哪些人、每月给多少、每年额外给多少、特殊情况比如读书的每个阶段（小学/中学/大学/硕士/博士）给多少、结婚给多少、子女的配偶给不给/给多少、第一个孩子给多少、其他孩子给多少、买房给不给/给多少、创业给不给/给多少。在制订信托计划的时候，可以充分发挥自己的想象力来制定需要的领取规则，如果资金量足够大，可以传承数代直到本息用完为止。

以上四种理财类保险（教育/婚嫁/创业险、养老金、投资险和资产保全传承险）属于保钱的保险，这四种保险以保护资金为主要目的。

理财类保险产品通常在被保险人身故时不是赔付保额，而是赔付保险账户总价值。

综上，保钱的保险有六大功能。

1. 积累：保钱的保险都属于储蓄型保险，保费相当于强制积攒，通过保险的强制性，把不经意花掉、不该被随便花掉的钱积攒下来。

2. 增值：保钱的保险通常都带有一定的增值收益性，每年的收益看似不高，长期的复利收益还是可观的。

3. 保全：这是保险的法律属性体现，是保险工具与其他工具的主要区别。基于保险的这个法律属性，衍生出保单的隔离功能、指定传承、保险金信托功能。

4. 隔离：赚钱容易守钱难。在赚钱方面，遇到不错的机会就可能赚到钱。人生几十年，一不小心就有可能导致辛苦赚来的钱蒙受损失，比如投资失误、上当受骗、离婚分割家产等等。万一因这些问题被债务牵连，自然人名下的直接资产会受到不同程度的影响。保险资产是属于投保人、被保险人、受益人支配的专属资产，在家企隔离、婚姻隔离、代际隔离中有着特殊的保护作用。

5. 传承：保险的受益人是被指定在被保险人身故后直接领钱的人，避免了繁杂漫长的继承权公证程序。

6. 信托：超过一定保额的大额寿险保单和大额年金保险保单，在设定受益人支取的时候，可以与信托机构合作，制定"保险+信托"的领取规则。

在自己有能力的时候一定要为家庭做一个充足的安排，避免家庭经济出现问题甚至面临崩塌的时候，家庭陷入困境。保险是一个相对可靠的选择。

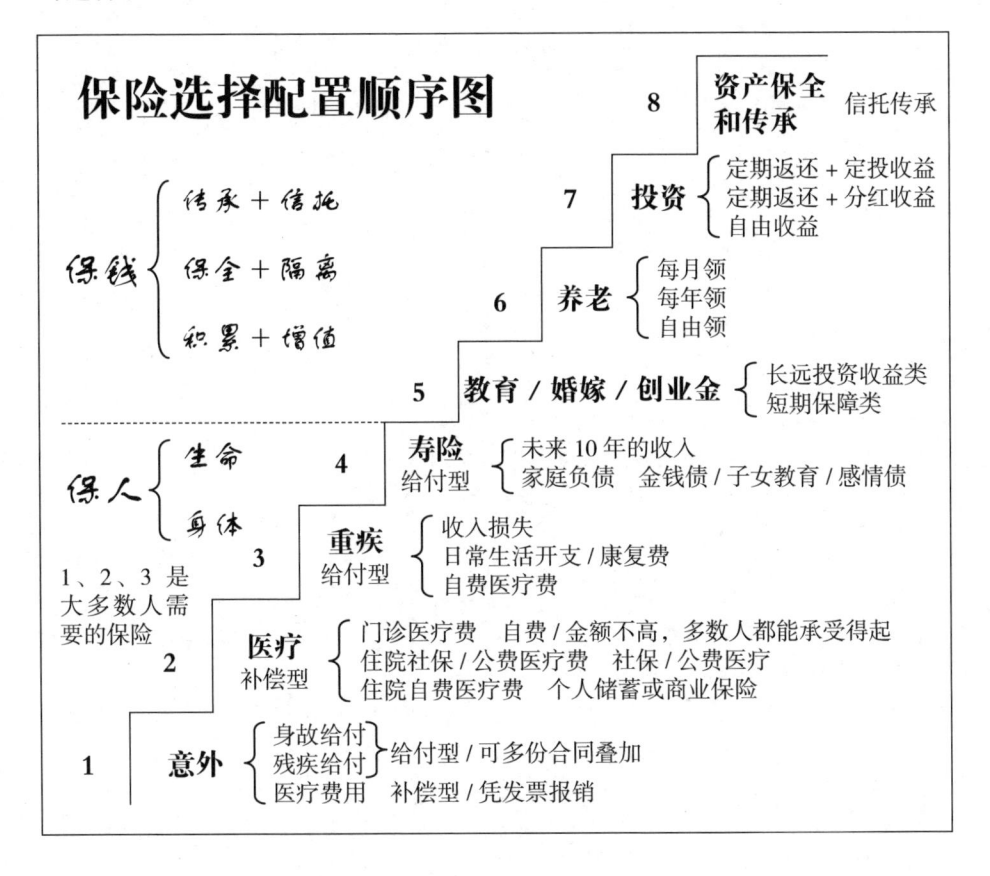

保险选择配置顺序图

保钱
- 传承 + 信托
- 保全 + 隔离
- 积累 + 增值

保人
- 生命
- 身体

1、2、3 是大多数人需要的保险

8 资产保全和传承 — 信托传承

7 投资
- 定期返还 + 定投收益
- 定期返还 + 分红收益
- 自由收益

6 养老
- 每月领
- 每年领
- 自由领

5 教育 / 婚嫁 / 创业金
- 长远投资收益类
- 短期保障类

4 寿险 给付型
- 未来10年的收入
- 家庭负债　金钱债 / 子女教育 / 感情债

3 重疾 给付型
- 收入损失
- 日常生活开支 / 康复费
- 自费医疗费

2 医疗 补偿型
- 门诊医疗费　自费 / 金额不高，多数人都能承受得起
- 住院社保 / 公费医疗费　社保 / 公费医疗
- 住院自费医疗费　个人储蓄或商业保险

1 意外
- 身故给付
- 残疾给付 } 给付型 / 可多份合同叠加
- 医疗费用　补偿型 / 凭发票报销

第四章

如何正确选择和配置保险

本章讲解保险产品在实际生活当中为人所用的实用特征，帮助大家理解保险产品深层次的作用，避免跟其他常用金融工具的作用混淆，帮助大家更客观理性、正确有序地选择和配置保险产品。

第四章　如何正确选择和配置保险

依据第三章的内容，可以得知在选择保险时的优先顺序应为：①意外险；②医疗险；③重疾险；④寿险；⑤教育/婚嫁/创业险；⑥养老金；⑦投资险；⑧资产保全和传承类保险。

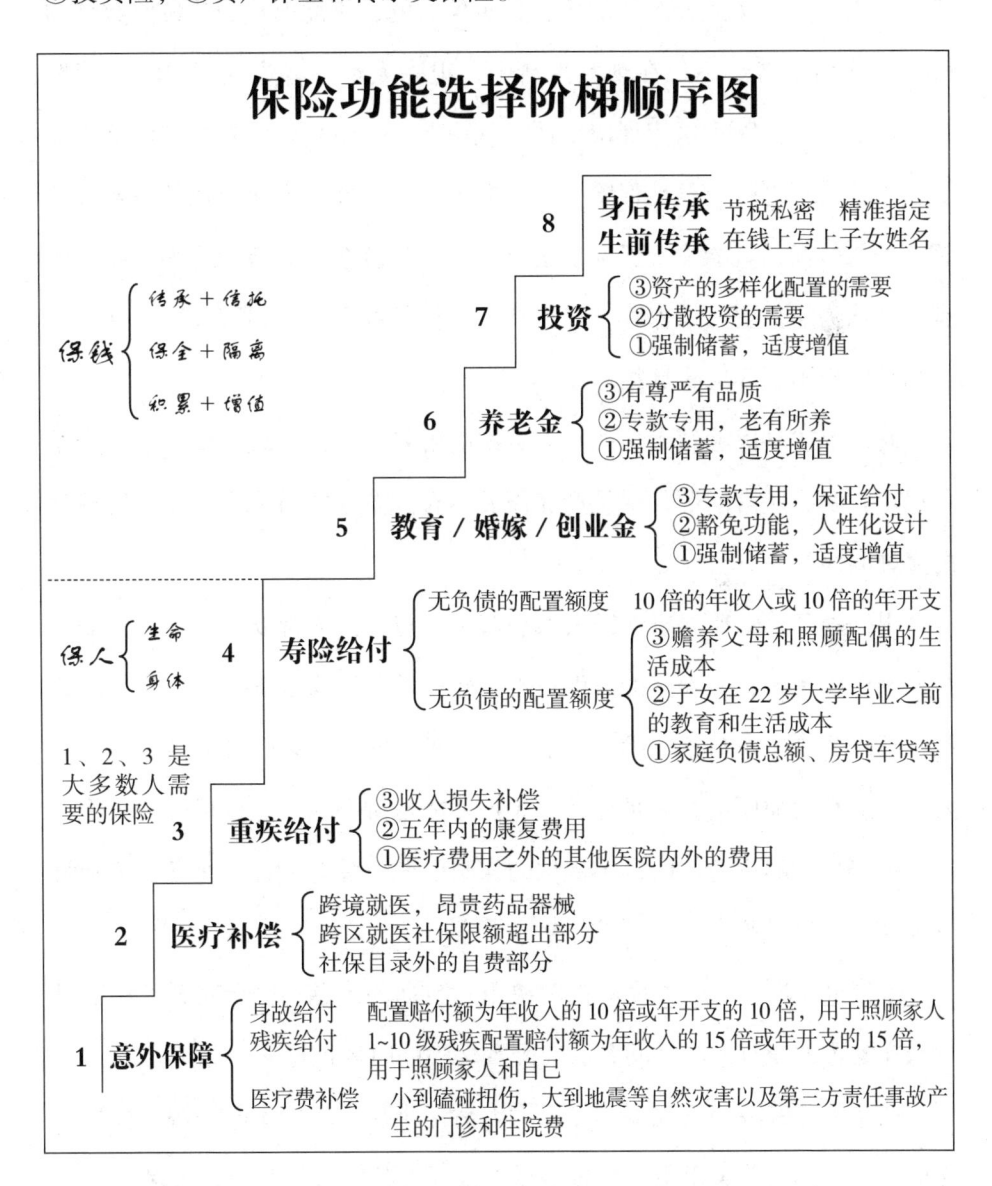

保险功能选择阶梯顺序图

8　身后传承 — 节税私密　精准指定
　　生前传承 — 在钱上写上子女姓名

7　投资
- ③资产的多样化配置的需要
- ②分散投资的需要
- ①强制储蓄，适度增值

保钱 { 传承＋信托　保全＋隔离　积累＋增值 }

6　养老金
- ③有尊严有品质
- ②专款专用，老有所养
- ①强制储蓄，适度增值

5　教育/婚嫁/创业金
- ③专款专用，保证给付
- ②豁免功能，人性化设计
- ①强制储蓄，适度增值

4　寿险给付
- 无负债的配置额度：10倍的年收入或10倍的年开支
- 无负债的配置额度：
  - ③赡养父母和照顾配偶的生活成本
  - ②子女在22岁大学毕业之前的教育和生活成本
  - ①家庭负债总额、房贷车贷等

保人 { 生命　身体 }

1、2、3是大多数人需要的保险

3　重疾给付
- ③收入损失补偿
- ②五年内的康复费用
- ①医疗费用之外的其他医院内外的费用

2　医疗补偿
- 跨境就医，昂贵药品器械
- 跨区就医社保限额超出部分
- 社保目录外的自费部分

1　意外保障
- 身故给付　　配置赔付额为年收入的10倍或年开支的10倍，用于照顾家人
- 残疾给付　　1~10级残疾配置赔付额为年收入的15倍或年开支的15倍，用于照顾家人和自己
- 医疗费补偿　小到磕碰扭伤，大到地震等自然灾害以及第三方责任事故产生的门诊和住院费

选择和配置保险遵循的原则

所谓原则就是指行事所依据的准则。在保险的配置方面很讲究先后顺序，原则上应该按照上图的顺序，先买保人的，再配保钱的，按照数字和阶梯顺序做配置。不过在现实生活中，很多人都不喜欢或不愿意买消费险，比如意外保险和医疗保险，认为钱白花了，不划算。对固定储蓄险接受度一般，更青睐收益性保险。这样配置，一旦发生疾病或意外需要报销医疗费的时候，就会发现保险没法赔，这时候就会认为保险是骗人的。还有人会认为"只要买了保险就可以什么事情都找保险公司解决"。这些情况都是由于不了解保险真相。

通过上述对保险两大功能八大类别的解释，我们发现，没有一种产品可以单独解决所有问题，保险产品需要组合配置才能解决人生有可能遇到的多种问题。

用一个简单的比方来帮助大家理解这一点：人人都要穿衣服，但如果是出于保暖考虑，在炎热的非洲可以一年四季都不穿衣服。而在寒冷的北极，不仅要帽子、口罩、围巾、上衣、裤子、袜子、鞋子都穿戴上，还需要每一层都增加厚度，并且加多层保护才能抵御寒冷。这些保暖的衣物，每一种都只能解决身体的一个部位的保暖问题，没有一件衣物可以单独解决全身的保暖问题。

保险也一样，一个产品只能解决单一方面的问题。需要对各类保险进行选择配置才能解决多种问题。在配置保险的时候把握三个原则：

1.在预算有限的情况下，先保大人后保小孩，先保家庭经济支柱再保其他人员，即先给家里主要负责赚钱的人买保险，再给其他人买保险。

2.在付费期的选择上，长时间更好还是短时间更好，没有准确的答案。保险产品之所以有多种付费期供客户选择，就是为了满足不同的人的需要。在配置保险的时候需要依据自己的职业收入特征和预计的职业生涯期限来选择。如果自己的工作是年龄越大，收入越高的，选择长一点的付费期当然更好；如果自己的职业存在青春时是黄金期和年龄大了时收入下降的问题，那就最好选稍微短一点的付费期。保险在产品本身和付费期的长短方面，没有好坏之分，只有适合不适合的区别。在实际配置的时候，最好是让保险代理人将同一产品相同保额根据不同的付费年限，列出对应的付费金额，自己做评估选择。如果付费条件允许，最好是保障类保险和收益类保险同时配置，未来万一出现经济紧张无法及时付费的情况，可以支取收益险的收益部分用来支付保障险的保费。这样的组合配置对自己更有益。

3.依据自身的情况来选择保险公司和保险产品，产品没有什么好坏之分，适合自己的才是最好的。

普通人群关注保险以小博大的高杠杆的保障功能，可选配置阶梯图里的意外险、医疗险、重疾险、寿险。

中产阶层除了关注保险的高杠杆功能外，还会关注财富的积累和保险的附加服务，可选配置阶梯图里的意外险、医疗险、重疾险、寿险、教育/婚嫁/创业险、养老金、投资险。

高净值人群更关注资产的保全和隔离功能。通常会选择高端医疗险、高额寿险、高额教育/婚嫁/创业险、高额养老金、投资收益险、资产传承险。

如何正确选择和配置保险

当然还会有部分人群需要考虑更多的其他方面：比如是否需要经常去境外，是否需要保险公司提供就医资源服务，是否看重保险公司的品牌而需要获得其他附加服务（比如律师服务、税务师服务、全球 SOS 急救服务等等）。

购买保险的目的决定了选择什么样的保险产品

这个世界上，有人一生顺利。对于这类顺利的人来说，有没有保险可能没有什么影响。但现实中很多人一生并不顺利，如果人生万一不顺利甚至遇到灾难，没有保险/有保险/有足额的保险，这三种情况下，人在应付事情的时候，状态差别很大。没有保险的就会倍感生活的艰难困苦；有保险而配置得不够多的，就会后悔当初没有多买一些；有足额保险足以应付所有事情的，会很庆幸当年自己的选择，后续只要经济条件允许，他们还会购买更多的保险。

世界上最了解自己的人还是自己。如果每个人自己能懂得保险，面对不同的保险产品就知道怎么做正确的选择。在具体配置的时候，因年龄、收入、家庭结构和背景、个人价值观等方面的差异，选择的产品和配置的金额都会不同。保险的选择没有标准答案，完全因人而异，没有好和不好之分，适合自己的就是最好的。

把保人和保钱的保险合在一起做选择的时候，每个人想要达到的目的不同，选择的保险种类也会不同。现实中会有以下多种选择组合：

第一种目的——风险转移

选择风险转移功能的人群，用于规划买保险的资金有限，一旦遇到意

第四章 如何正确选择和配置保险

外和疾病等风险，更难承受得起。适宜选择低保费高保障的消费型意外险、医疗险、重疾险、定期寿险。通过保险高杠杆的最基本功能，用低保费获得高保额。通常有以下建议组合：

①最低保费组合：意外险 + 医疗险；

②低保费的全面组合：意外险 + 医疗险 + 消费型重疾险（45 岁之前消费型重疾险保费还是比较实惠，45 岁以后保费就会越来越高，消费型重疾险适合保一阵子，但很难保一辈子）；

③低保费的更全面的组合：意外险 + 医疗险 + 消费型重疾险（同上）+ 消费型定期寿险（解决人生上有老下有小的那一阵子的保障；纯粹消费型寿险很难保障终生）。

第二种目的——风险转移 + 强制储蓄

这是在保险最基本功能的基础上再叠加上储蓄功能，在风险转移的基础上强制自己用交保费的方式把钱积攒下来。一般会选择以下的组合配置类型：

①意外险 + 医疗险 + 储蓄型重疾险；

②意外险 + 医疗险 + 储蓄型重疾险 + 消费型 / 储蓄型定期寿险；

③意外险 + 医疗险 + 储蓄型重疾险 + 储蓄型寿险 / 定期寿险。

第三种目的——资产分类配置 + 强制储蓄 + 风险转移

在选择保险最基本的风险转移功能和储蓄功能的基础上，增加了保险的保钱功能险种。

通常会选择的保险组合是：意外险 + 医疗险 + 储蓄型重疾险 + 储蓄型

寿险/定期寿险+教育/婚嫁/创业险+养老险+投资险。

第四种目的——大额保单/资产保全+资产分类配置+强制储蓄+风险转移

大额保单，要么保额很高，要么保费很高。这种情况下的保单配置，除了用到了以上风险转移和强制储蓄的功能之外，大额保单往往借助高杠杆的保障功能、高保费的长期复利和保全功能，达成资产的分类配置需要和资产保全需要。

大额保单通常都与信托结合，未来给受益人保险资金的时候可以按月给付，或设计以激励受益人养成良好品质为目的的个性化给付方式。

通常会选择的保险组合是：高额意外险+高额医疗险+高额信托型寿险+教育/婚嫁/创业险+养老险+投资险+资产传承类大额保单。

保险利益总结

每个人都懂得给自己的家庭做保单分析和总结。已经买过保险的人，可用合同中的产品名称对照前文所述保险选择阶梯顺序图，把保险合同中的保险利益填写到相应位置。保人的保险填写保额，保钱的保险填写总保费和合同中罗列的其他利益，罗列之后就可以清晰明了地知道自己拥有的保险类别和可用额度了，这是最简单的保单利益总结方法。

第五章
保费定价原理

在选择、配置保险的时候，作为消费者，通常都不知道应该如何选择保险公司和保险产品。是只看保险产品和合同条款来决定购买，还是既要看保险产品的收益和条款，又要看保险公司的服务和品牌呢？

在此用易于理解的方式来解析保险产品是怎样设计和计算保费的。为便于理解，没有用精算师那么复杂精准的计算方式。

保人的保险和保钱的保险在精算核价原理上有所不同。

保费设计原理，依据下图可知。

保费设计原理图

保险产品的保费定价依据——营运成本 + 给付成本 + 保单价值

给付成本依据数据 / 预期数据——生命表 + 发病率 + 职业等级风险

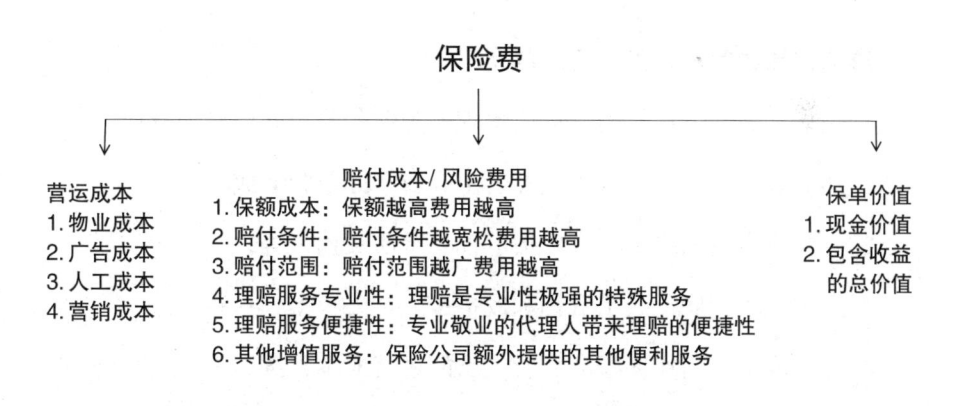

保险费

营运成本
1. 物业成本
2. 广告成本
3. 人工成本
4. 营销成本

赔付成本/ 风险费用
1. 保额成本：保额越高费用越高
2. 赔付条件：赔付条件越宽松费用越高
3. 赔付范围：赔付范围越广费用越高
4. 理赔服务专业性：理赔是专业性极强的特殊服务
5. 理赔服务便捷性：专业敬业的代理人带来理赔的便捷性
6. 其他增值服务：保险公司额外提供的其他便利服务

保单价值
1. 现金价值
2. 包含收益的总价值

保险产品分收益类理财产品（比如教育 / 婚嫁 / 创业险，养老金）、纯粹保障类产品（比如意外医疗险和纯粹重疾险和寿险）、保障加收益类产品（比如分红型寿险），它们所依据的原理大致相同，最重要的依据条件是：①生命表；②发病率；③职业风险；④保险公司的长期经营能力；⑤市场利率等等。

①②③这三个数据是设计保障类保险保费的依据。①②③④⑤是收益类保险保费的设计依据。生命表又叫死亡统计表、寿命统计表，是统计同时期出生的一批人随着年龄增长陆续死亡的整个生命过程的一种表格，根据分年龄死亡率编制，反映一批人（通常为1万人）从出生至死亡的全部过程。发病率和职业风险也是与生命表类似的统计依据。市场利率在同一个地区是类似的。为什么同样保额的保障型产品算出来的保费会有差别呢？这些差别是受什么因素影响呢？收益型的产品通常都不会有太大的差别，更多的时候不是看演示收益，而是看过往这家保险公司的实际经营能力给予客户的实际收益。

依据这些因素，汇总成上图的保费定价原理，我们看得出来是以下因素决定了保费的定价。

影响保费的第一因素：营运成本

这是显性的、可计算的，可简单理解为保险公司的运作经营成本：

1. 物业成本：建办公室和租办公室都属于办公物业成本；

2. 广告成本：网络推广、广播电视、纸质文档等等；

3. 人工成本：雇员的工资福利成本；

4. 营销成本：销售保险产品所支出的经营成本，按销售模式区分为：

（1）销售渠道是代理人的，可以理解为保险代理人的佣金；

（2）销售渠道是代销渠道如经纪公司/代理公司/银行等的，是代销经营成本，跟代理人佣金类似；

（3）网络保险经营成本：通过网络推广获得客户、销售产品的所有成本。

影响保费的第二因素：赔付成本/风险费用

这是保障型产品决定保费的主要因素。

赔付成本中所罗列的大多数是在选择保险产品时比较容易被忽略的因素，消费者除了关注保费保额和条款文字这些显性内容之外，非显性隐藏的其他几个因素只有在保单发生理赔和满期兑现的时候才能知道。

保险产品跟其他很多有形产品不同，一般有形产品，购买时评估选择是起点，购买几乎是终点，价格高的存在部分后续维修服务，还有可能体现服务品质，使消费者感受品牌的不同。保险产品前期的评估选择都不产生价值，购买才是保险公司和保险代理人服务的开始。保单有效期内，保险公司在理赔和给保险金（年金/红利/收益/满期金）这两件事情上的专业、快速、便捷的服务才是真正的价值。保险理赔不同于保险金的给付，理赔往往是符合条款的资金给付，保费投入往往较少甚至很少，理赔金额比较高甚至非常高，理赔的条款是非常专业的简写法律条文，跟医学、法律息息相关。描述错一个字都有可能影响理赔。保险代理人的专业性和保险公司理赔的人性化就在这些关键性的细节方面体现。

赔付成本/风险费用支出，也叫理赔成本，保额的高低、赔付条件的宽松程度、赔付范围的宽窄程度、办理理赔的人员的专业性、给客户提供的理赔服务过程的便利性等，这些因素都将对保费金额造成影响。

赔付成本也称为风险费用支出成本，跟以下 6 个因素息息相关：

1. 保额成本（显性因素）：保额高低这一项比较容易理解，相同的国家或地区，同样的赔付利益的前提下，保额越高，保费也会越高，这是显而易见的。富裕地区的人寿命长，发病率低，富裕地区的保障成本更低，同样的赔付利益，购买同样保额的同类产品，富裕地区的保费比贫穷地区的低。

2.赔付条件（隐性因素）：赔付条件是指在什么情况下理赔。医疗、重疾、寿险这三种保障型的产品，理赔条件是决定保费高低的关键因素之一。赔付条件越宽松，越容易发生理赔，保费会越高；赔付条件越严格，保险公司越难发生理赔，保费越低。

比如影响医疗保险理赔的因素有以下几种，这些都决定了产品的保费：

（1）免赔额：比如实报实销的医疗保险比有免赔额的医疗保险保费更高。免赔额越低，越容易理赔，保费越高。免赔额越高，保费越低。

（2）赔付比例：赔付比例为100%的，比承担部分比例（如80%）的保费要高。

（3）用药要求：社保目录内和社保目录外的药品器材都包含的比只报销社保目录内或只报销社保目录外的保费要高；条款中列明某些治疗方式或某些药品不赔的，保费自然会低。

（4）境内外的差别：境内外都赔的比仅在境内赔的保费要高。

（5）医疗形式：门诊、住院、牙科都赔的比只有住院的时候赔的保费要高。

（6）医院限制：对就医医院没有限制的比有明确限制的保费要高。

3.赔付范围（隐性因素）：即保障范围，在保险产品里是一个很抽象的概念，用三个不同保障范围的例子来说明：

（1）医疗险有全球范围所有医院就医都赔的，也有只在国内就医才赔的，保费相差非常大，保全球的肯定比保境内的保费高。

（2）疾病保险的保障范围。例如因疾病就医理赔时须出具作为理赔依据的医院报告，境外就医时，境外的医院出具的文字报告中文字记载非中文，医院也不是按照中国大陆的医院标准来定义。这些资料交给保险公司理赔时是可以直接办理理赔，还是需要消费者自己提供第三方的证明材料？如果一辈子都不会去境外就医，可以不需要考虑这些因素。如果有可能去境外生活或旅居，或者有可能去境外就医的，就有必要在购买保险之前就考虑这些理赔因素。

（3）寿险的保障范围：寿险的保障范围通常跟保险险种密切相关，一般普通型寿险有七项免责条款，免责就是不理赔的情形，七项免责条款通常是：

①投保人对被保险人故意杀害、故意伤害；

②被保险人故意犯罪或抗拒依法采取的刑事强制措施；

③被保险人故意自伤，或自本合同成立或者本合同效力恢复之日起2年内自杀，但被保险人自杀时为无民事行为能力人的除外；

④被保险人服用、吸食或注射毒品；

⑤被保险人酒后驾驶，无合法有效驾驶证驾驶，或驾驶无合法有效行驶证的机动车；

⑥战争、军事冲突、暴乱或武装叛乱；

⑦核爆炸、核辐射或核污染。

高端寿险保额通常为200万元起，最高可以配置1亿元以上保额。这类高端寿险仅有3项免责条款，就是上述普通寿险免责条款的①②③项。

普通寿险不理赔的④⑤⑥⑦这四项，高端寿险通常都赔。

4.理赔服务的专业性和理赔速度（服务策略）：保险公司的服务除了产品销售外，最重要的是资金出口把关的策略。理赔的专业性和理赔的速度是最重要的因素。这两个因素与以下三个方面相关：

（1）理赔资料是否齐全。

（2）理赔资料中的事故描述是否符合保险条款。在现实中理赔纠纷的发生往往是由于描述不当。

（3）理赔手续办理是否及时。

前两条看上去只跟客户本人有关，实际上这三条跟保险办理人员紧密相关。作为客户，不懂得保险公司的理赔要求是很正常的事情。虽然在合同里有明确的理赔要求，真正在理赔的时候，非专业的客户还是会记不住。特别是第二条会难倒很多人——怎样正确描述保险事故，一字之差意思都有可能相差很大，都有可能影响理赔。

以上理赔因素给客户的感受，取决于保险公司选择的理赔服务模式。

理赔服务通常有三种模式：

①保险代理人服务；

②保险公司的雇员服务；

③保险公司委托第三方服务。

针对这三种模式稍加深思就能辨别其背后的服务品质和对保险客户的利弊。

①保险代理人办理理赔：代理人是站在保险公司和保险客户之间的人，在客户要求赔偿时，代理人首先需要照顾客户的感受，安抚客户，还

要快速理赔。要做到快速理赔，保险理赔要求提供的所有资料必须齐全并符合保险条款所保的范畴。这是非常专业的事情。代理人的专业性不光体现在销售保险产品，更体现在懂得快速帮助客户办理符合保险条款要求的理赔手续。

保险代理人是保险公司和客户的中间人，在合法合规的前提下，他既要帮助客户处理理赔所需的文件资料，又要确保符合保险公司的条款要求，才能顺利帮客户快速完成理赔。代理人理赔的高效率和高品质，会带来更多的客户加保和转介绍的新生意。这是一个三赢的商业模式：客户理赔获得经济支持；保险公司品牌被肯定和被认同，获得更多的保费收入；代理人被认可，获得更多的业务收入。

保险公司招募优秀的代理人的原因就在于，保险代理人在三方利益上会把握全局，做到三赢。优秀的代理人通常都有高学历、高认知、高素养。在工作中更能把客户利益和公司利益放在自己的利益之前。保险理赔服务如此，保险销售更是如此，他们通常不会为了自己的利益损害消费者和保险公司的利益。他们所有工作都是围绕三赢展开。

②保险公司的雇员办理理赔：雇员是保险公司的员工，拿的是薪水不是佣金，其本职工作就是对接客户，处理理赔资料的收集和提交流程，把本职工作做好即可。

③保险公司委托第三方办理理赔：这是极少数保险公司会选择的理赔服务模式，比如网络保险渠道的保单，就有些是委托或聘请第三方人员或机构做理赔服务。第三方人员通常容易陷入进退两难的处境：一方面客户不懂得理赔时所需要的资料的范围和需要符合的条款状况，依据其提交的

资料很可能没法理赔。遇到此类情况，工作人员有时候仅仅是要求补充资料，有时候很有可能是直接拒赔。拒赔得多了，保险公司名誉就会受损。如果放宽理赔尺度去理赔，又不符合保险公司条款，只得要求客户再次补充资料。许多客户在补充资料后还是不符合保险理赔条款要求被拒赔。客户难受埋怨且不说，在这样被反复折腾的过程中，客户对保险的认知都有可能改变，认为保险是骗人的。保险第三方理赔机构也会觉得很冤屈：工作按照流程要求做了，客户和保险公司双方都不认可。保险公司名誉、品牌受损，还会被消费者质疑，影响公司的发展。

5. 理赔服务的便捷性：理赔服务是否方便快捷，也是客户选择保险的重要因素。发生理赔时有没有专人快速上门服务，或者是否直接快递资料就可以完成理赔；如果理赔金额不高，是否直接拍照上传即可；保险公司是否可以直接跟医院结算，不需要客户进行任何操作，这些都会影响客户的选择。越是时间宝贵的人士越希望理赔服务简单便捷。

在理赔服务的便捷性方面，最麻烦的是跨境理赔。跨境理赔涉及的不仅仅是理赔时的手续问题：比如，保险代理人能不能过境来到自己身边办理手续？当代理人的服务成本很高的时候恐怕就会影响理赔的及时性。如果保险签单的代理人一直在，这一点还好办，比较麻烦的是代理人不在了，离职了或者离世了。毕竟保单的有效期通常都比代理人的寿命更长，接手服务的代理人通常没有佣金收入，如果服务不能带来新的业务，对代理人本身也是一个挑战。如果要自己过境办理理赔，已经不仅仅是付出时间、精力成本的问题，更严重的另外两个问题是：①处于患病状态的身体能否经得起奔波？能否顺利过境？②在境外的理赔地区，是否可以在银行顺利开户接收理赔金？每个国家和地区对外籍人士开设银行账户都会有要求。这件事情超越了保险行业的界限，属于银行业的另一个要求，属于国家跨境交易的货币管制的问题。在CRS国际金融监管体系中，超越自我能力范畴的事情的确需要提前去思考规划，如果处理这些对自己来说是很简单的事情，或者自己本身就在境外有银行账户，这些就无所谓。保单理赔款，有可能是给被保险人本人，也有可能是给受益人，受益人有可能是孩子。一张保单的有效期为几十年甚至上百年，在境外的保单，如果未来真的是由孩子领取受益金，他那个时候能否开设银行账户领款？这些未来几十年后可能会面临的问题都需要在购买保单时提前考虑。

在保险配置上推崇属人属地原则，即人生活在哪个地区就在他生活的那个地区配置保险用来保护他本人的身体，当他的身体需要就医/出现残疾或他本人需要养老时给予资金支持帮助他渡过难关。他的财产在哪个地区就在那个地区配置保险，未来的保险理赔款用来应付未来财产在继承时要缴纳的各种税费和其他费用。

6.其他增值服务：保险公司的增值服务分免费服务和收费服务两种类型。这些服务通常是针对购买高端险种或者年缴总保费达到一定金额的客群的特殊服务。

免费普通服务，比如针对购买重疾保险的客户提供疑似重疾或罹患重疾时的专家医院就医便利性服务：

①疑似病情阶段，提供健康咨询与评估早期介入；

②协调医疗资源，安排专家门诊挂号就医进一步确认；

③罹患重疾，快速安排住院，快速理赔；

④出院后，安排营养指导和定期随访；

⑤个别复杂疾病，安排多学科的咨询服务。

免费高端服务，比如购买高端医疗保险就可以享受多项免费服务，没法全部罗列，仅就部分举例：

①就医安排：被保险人需要就医时，此类免费服务包含医院选择、专家挂号就医、住院安排、提供健康咨询等；

②被保险人可在签约医院直接结算就医费用，还可选择全额报销型产品，在保额以内的住院就医费用，不需要自己支付；

③全球紧急救援服务：被保险人遭受意外事故或者突发疾病，可免费享受全球紧急医疗救护的交通工具（救护车或航空工具）服务。

还有其他的免费服务，保险公司不同，服务不同，比如体检服务、律师咨询服务、税务师咨询服务等等。

收费服务包括有些保险公司提供的各项养老支持服务等等。

影响保费的第三因素：保单价值

保障型产品的现金价值和收益型产品的总价值都是决定保费的因素。

保钱的收益型产品，通常与市场利率和保险公司经营能力相关。市场利率比较容易理解，保险产品在设计出来的时候，其投资方向和策略就已经选择好了，保险公司可以预估在这个产品的保险期间都可以确保的利润是产品的保证收益部分，同时保险公司还会尽力去为客户增加收益，比如分红和万能账户或定投账户的复利等等。这些因素都取决于保险公司的经营能力。预知未来是一件比较困难的事情，那就选择参考过去，依据现在推算未来。

参考过去，就是参考保险公司过往的收益性产品的演示收益和实际收益数据之间的实际达成率，演示收益代表着它预估的能力，实际收益代表着它真实的能力。参考期限过短，比如三五年，数据的推演也就只能达到三五年；而参考的时间越长，比如二三十年或者五六十年甚至更长，就越能体现其真实的能力，越有借鉴价值和意义。这些通常都是可查询的统计数据。

判断一家保险公司现在的能力，除了要依据当下各产品的真实收益的达成情况外，另一个客观理性的依据是保险公司的偿付能力。

偿付能力，是保险公司对保单持有人履行赔付义务的能力。它体现了保险公司现金储备和未来必须兑付的保险金之间的关系。

《保险公司偿付能力管理规定》是为了加强保险公司偿付能力监管，有效防控保险市场风险，维护保单持有人利益，根据《中华人民共和国保险法》而制定的规定。银保监会对保险公司偿付能力的监管是监管的核心。

银保监会对保险公司的偿付能力的监管标准：

（1）核心偿付能力充足率不低于 50%；

（2）综合偿付能力充足率不低于 100%；

（3）风险综合评级在 B 类以上。

保险关系到广大民众的切身利益，银保监会对保险公司实行严格的定期动态监管，以保护广大保单持有人的利益。

第六章

为家庭成员配置保险的先后顺序

第六章　为家庭成员配置保险的先后顺序

家庭资金充沛，给所有成员每个人配置足额的保险是件大好事。如果家庭成员比较多，资金预算有限，在选择配置保险的时候就会难以顾全所有家庭成员。在这种情况下，应该优先给谁配置保险呢？应该先配置什么产品呢？需要配置多少保额才合理呢？家里的其他人应该配置什么产品呢？这样配置依据的原理是什么？这些都是消费者在现实中最常见的疑问。

要解答以上系列问题，我们用一张图简单地说明保险对我们一生的作用：

1. 这条线代表我们人的一生寿命的长度。

寿命的长度

2. 从参加工作开始，通过打拼慢慢变得富有，这是一个漫长的过程。

富有

贫穷

寿命的长度

如何正确选择和配置保险

3. 这个过程就好比我们拉着一辆车子在爬坡。单身一人，没有负担，不需要赡养父母的阶段，我们会觉得比较轻松。

4. 打拼的路上，房子、车子慢慢成了财富也成了负担。告别单身成家后，配偶、孩子逐渐成为我们甜蜜的压力。在斜坡上前行的车里，除了自己的日常开支之外，增加了房子按揭和管理费/车子加油保养费/父母的赡养费/未来的养老和医疗储备金……车子越来越重。

第六章 为家庭成员配置保险的先后顺序

5. 人这一生是一个漫长的打拼过程。人有时候会累倒，有时候会病倒，可以休息一下继续前行，但有些大事一旦发生就有可能导致拉车的人永远没法继续拉车爬坡前行。哪些大事会导致这种情况？

6. 出现重大疾病、意外导致残疾、身故、年老……这些情况会导致拉车人永远拉不动车。

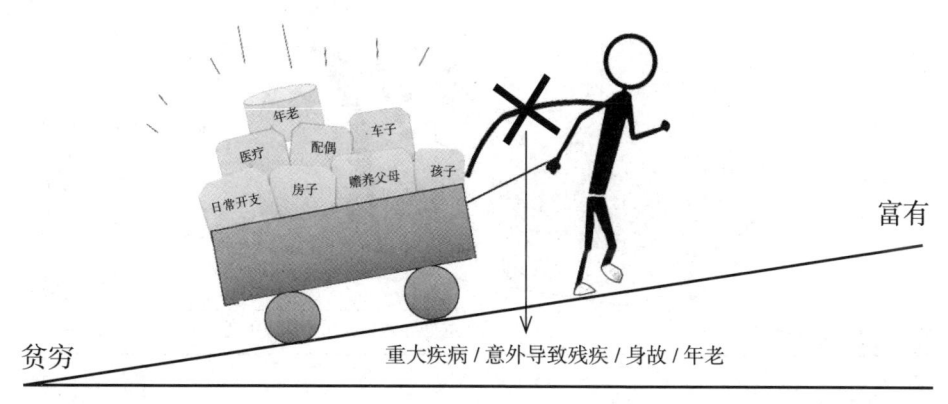

- 93 -

7. 发生以上所述事情之前，这个家庭的生活也许处于小康或者小富水平。

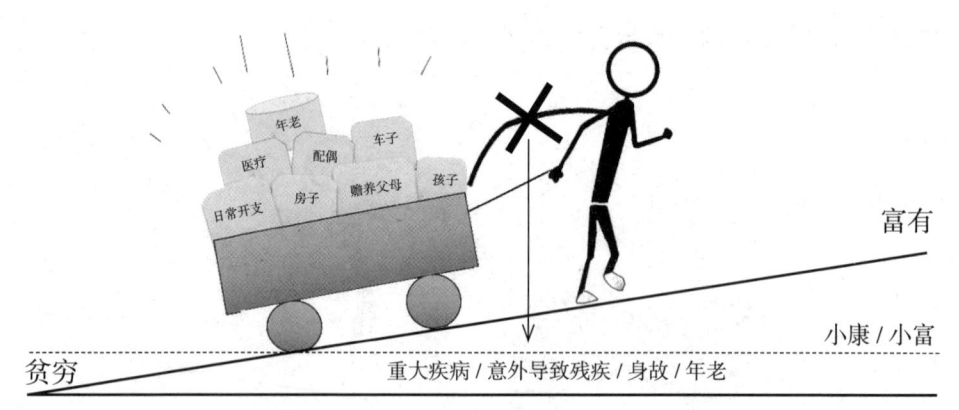

8. 出现重大疾病、重大意外导致残疾、身故、年老的时候，车子会失去拉力往下滑，如果没有办法阻止这辆车子一直下滑，就会滑回贫穷的原点。没有人愿意发生这样的事。导致这种情况的根本原因是这辆车子没有刹车！

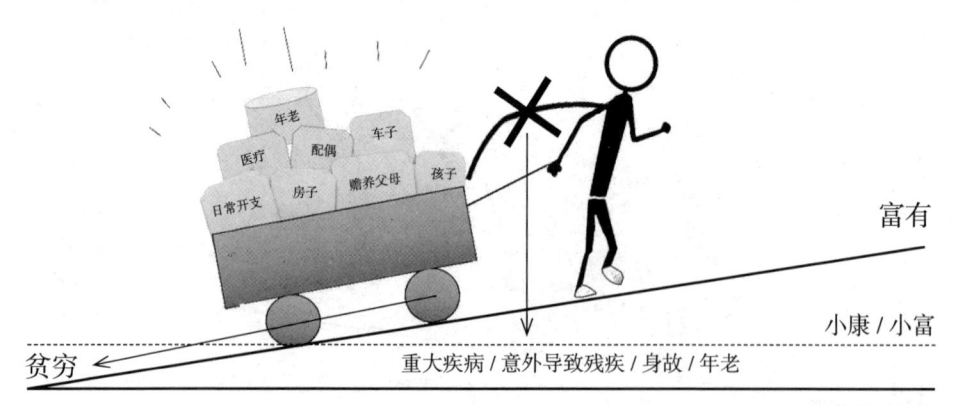

第六章　为家庭成员配置保险的先后顺序

9. 怎样给车子加一个刹车呢？这个刹车叫什么呢？刹车要多大制动力才够呢？问题发生的时候，车子可以在原处暂时停留还是永久停留呢？

10. 当一个人发生重大疾病／意外导致残疾／身故／年老的时候，只有在购买了相应的保险的情况下才会得到一大笔赔偿金。这个刹车就叫保险保障，配置它需要多少成本呢？如果要确保车子恒久地停留在原处，建议将配置的保费定为年收入的三分之一，无论重大疾病／意外导致残疾、身故还是年老都可以让这辆车永远停留在原来的位置。

如何正确选择和配置保险

11. 如果将配置的保费定为年收入的三分之一有困难,可以去掉年老因素,只考虑重大疾病/意外导致残疾/身故这三个因素,以消费型配置为主,保费可以是年收入的十分之一。

12. 如果现在计划配置这个刹车,应该按照标准来配置,还是根据现在的空闲资金配置?

13. 是配置前三项，还是四项都配齐？

14. 重疾险——配置保额为 5 倍的年收入 /5 倍的年开支

寿险身故保障——配置保额为 10 倍的年收入 /10 倍的年开支

意外险——配置保额为 15 倍的年收入 /15 倍的年开支

养老金——配置好前三项后的资金用于安排养老金

15. 重疾保险额为什么是 5 倍的年收入 /5 倍的年开支呢？

根据国际上重大疾病的五年生存率这一说法，一个罹患重疾的人，如果自患病确诊日起能活过 5 年，他就可能跟正常人一样身体回到正常状态，可以正常地生活，还可以继续工作挣钱。问题的关键是：在他患病治疗的关键 5 年中，他的家庭有没有足够的资金能应付所有的开支，包括医疗康复等费用。如果重大疾病保额是 5 倍的年收入 /5 倍的年开支，那么在确诊患病的时候，保险公司一次性赔付的资金就相当于把他未来 5 年要挣的钱一次性理赔给他，接下来的这 5 年他可以安心养病，没有经济压力。

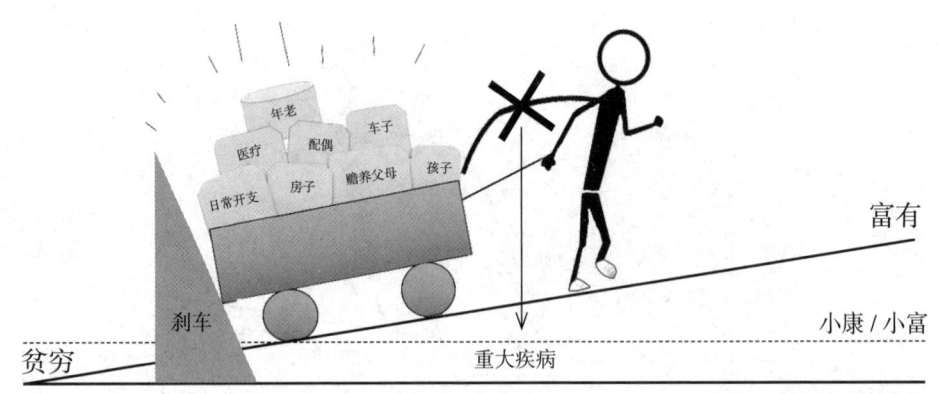

如何正确选择和配置保险

16. 寿险保额为什么是 10 倍的年收入 /10 倍的年开支呢？当一个家庭支柱身故的时候，这个家庭要用 10 年时间来过渡。保险公司把他未来 10 年要赚的收入 / 家庭 10 年的总开支一次性地赔给他的家庭，接下来的 10 年，他们不用顾虑经济上的问题，可以顺利渡过难关。

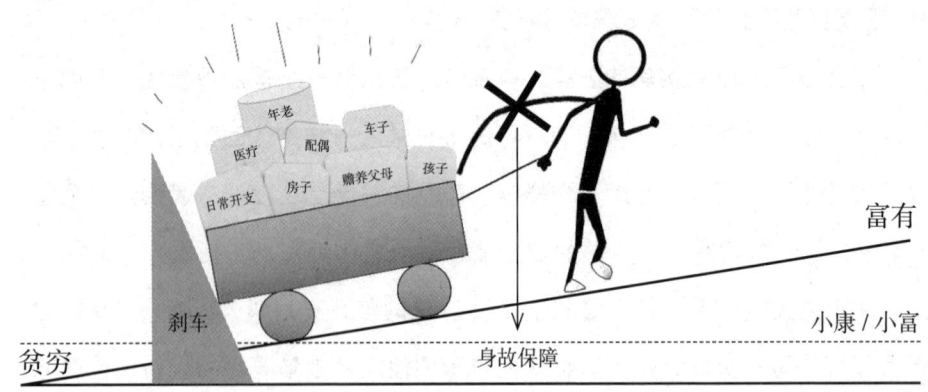

17. 意外险保额为什么是 15 倍的年收入/15 倍的年开支呢？

　　意外有可能导致两种情况，一是身故，二是不同程度的残疾。

　　第一种情况跟身故保险一样，保额为 10 倍的年收入/10 倍的年开支就可以了；第二种情况是不同程度的残疾，这个人自己还在世上，他需要用 10 倍的年收入/年开支照顾家庭，5 倍的年收入/年开支照顾自己，渡过经济上的难关。

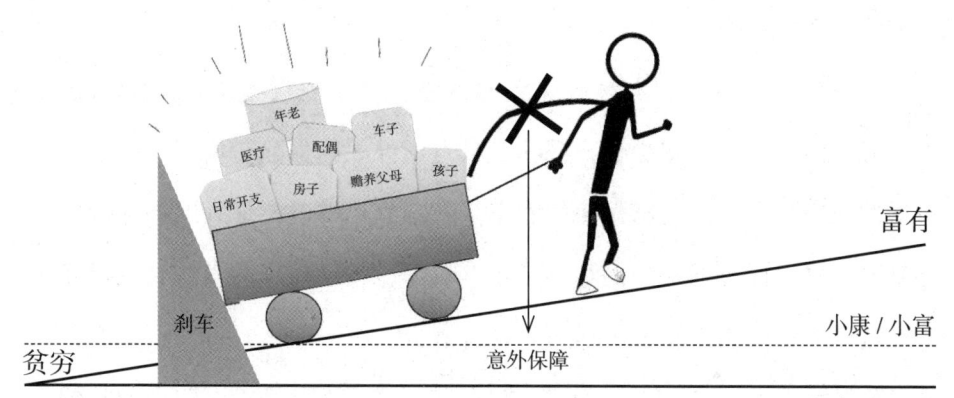

18. 依据自己的出生日期和年收入/年开支，计算重疾险/寿险/意外险的保额，前三项配置完成后的余额用来配置养老金。

重疾险——5 倍年收入/年开支——多少保额——多少保费

寿险——10 倍年收入/年开支——多少保额——多少保费

意外险——15 倍年收入/年开支——多少保额——多少保费

医疗险——覆盖就医时医院内外治疗的药品器械所有支出

拉车人是一个家庭主要赚钱的人，当坐在车里的孩子和父母发生就医问题，导致短暂的费用支出或持续性费用支出时，车子会变得更沉重，拉车人会承受更大压力。给坐在车里的每一个人购买足额的健康险，就可以在这些人遇到意外或健康问题时得到保险公司赔付款，获得经济上的支持，拉车人就不会感觉到太大的压力和负担。资金有限的可以给坐在车里的人买百万医疗险，资金充裕的就给他们买百万医疗险+重疾险，最好给他们配高端医疗险。

在预算有限时，重点是买保人的保障，至于以后这份保险能回报多少，或者前期会投入多少钱，都不是重点。保人的保险是借用杠杆工具以较低的保费投入获得高额保障的刹车。在预算足够时，保人的和保钱的险种都要配置。保钱的保险是给车子装上拉力，帮助拉车的人减轻负担和压力。这两类保险的作用有所不同。

在保险类别选择上，资金充足的人群，就多配置储蓄型为主的险种；资金不充足的人群，配置一部分储蓄型、一部分消费型的险种；预算更少一些的人群，可以配置全消费型的险种。

保险的主要作用相当于刹车。人这一生只要活着，这个刹车就一定要备着。刹车制动力最好足够大，遇到意外、罹患疾病、一家之主离开世界、家庭经济主力年老、失业等情况，可以真正保护这个家庭，使之能停留在事发前的位置而不会下滑。

刹车制动力的大小需要依据拉车人在未来的收入变化及时进行调整。当收入增加时，刹车制动力也要相应增加，即增加保险产品或者在原有的产品类别上再购买新的保单、增加保额。

第七章
配置保险有哪些限制

第七章 配置保险有哪些限制

购买保险产品还会受限制,这可能会颠覆很多人的认知,难道保险产品不是跟其他商品一样想买就可以买得到吗?

保险分保人的保障类和保钱的理财类。两种类型用到的保险的功能是不一样的:保障类产品的购买资格跟身体健康状况相关,用的是以小博大的高杠杆功能;同样的保额,年龄越小保费越低;理财类产品的购买资格与保费来源和保费在家庭总资产/总收入中所占的比值相关,理财险用的是保险的时间复利功能,买得越早,获得复利的时间越长,收益越明显。

配置保险的资格

购买保险必须具备两个条件:身体健康和财务状况正常。这两个条件针对两种类型的保险产品的具体要求不同:

(1)保障类保险保护的是人的身体本身,要求身体健康,财务状况正常。保障类保险运用的是保险的杠杆原理,每年付出低的保费获得较高额度的保障,在发生意外、罹患疾病、身故时获得高额赔付金;支付的保费必须是合理合法的税后所得;保费支出占个人年收入的三分之一以下视为合理。以上因素是购买保障类保险的门槛。

(2)理财类保险保护的是金钱本身,要求财务状况正常。保费来源的合法性和保费支出比例的合理性是金钱受保护的前提。保费来源的合法性是指用来购买保险的保费必须是合法的税后所得;保费支出比例的合理性是指一个人的收入毕竟需要应付生活所需的各项支出,余额才可以用来购买保险,其比例不超过一个人的年收入的三分之一。

如何正确选择和配置保险

用个形象的比喻来解释保险公司对保险客户的购买资格要求：

保障型产品（意外险/医疗险/重疾险/寿险），保险公司设置了三扇门给客户：

一是敞开的门：身体健康、财务状况正常的可以随意进入。

二是虚掩的门：身体有点异常但问题不大、财务状况正常的挤一挤能进去。

三是紧闭的门：身体不健康或财务状况不正常的无法进入。

收益型产品（教育/婚嫁/创业险，养老险/投资险/资产保全信托险）的两扇门：

一是敞开的门：保费是合理合法的税后所得且保费支出占收入的比例在合理范围内的可以随意进入。

二是紧闭的门：保费来源不够清晰或者保费支出占收入的比例超过合理范围的无法进入。

由上所述保险的购买资格，得出购买保险的最佳时机：

年龄越小，健康状况越好，应尽早购买保险。人从出生到老去，生命每经过一天24小时，机能和细胞都经历着从新生到旺盛到衰减的必然过程，生老病死是人生的必然经历，身体的细胞和器官机能什么时候出现衰减，没法预知，等身体出现不适、处于非健康状态的时候，购买保险就已经很难了。

保险是人生的防御型产品，生活中最常见的防御方式就是消防设施，用它来做类比，非常容易理解保险要提前准备、越早准备越好的原因：

第七章 配置保险有哪些限制

消防楼梯/消防通道/消防栓和灭火器，这些消防设施都是在建筑物建成投入使用前就配置好的，所有建筑物在正式投入使用前都需要进行安全验收，验收通过才能正式使用。验收主要检查两个方面的安全性：①主体建筑结构的安全性；②消防设施在面临火灾时人员逃生的安全性。这些消防设施能够有效使用，建筑物才能投入使用。如果等到火灾发生时再去配置这些防御设施，就有可能已经造成人员伤亡事故了。

建筑物配置消防设施不代表一定会发生火灾。这个世界上绝大多数建筑物，从来没有发生过火灾事故，这些消防设施依然必须配置，还需要有专人负责定期检查、定期维护、定期更新，以确保其紧急时能够正常使用。

保险的配置越早越好，因为每天都有人发生意外、出现疾病，甚至罹患大病，每天都有人离开世界。那些已经遭遇和正在遭遇变故的人并没有料到会遇到这些事情。如果能提前准备好保险，遇到这些事情的时候，会让自己和家庭更加淡定从容。保人的保险跟建筑物的消防设施一样，越早配置越好，配置不代表一定要用到。

实际生活中，当我们身边有人发生意外或罹患疾病的时候，旁观者会有所警醒，意识到自己也需要去做保险规划以防万一。许多人只是想想而已，并没有立即付诸行动去购买保险，有可能在犹犹豫豫中身体就发出不健康的信号，这时候往往就错过了买保险的时机，这样的事情在现实中时有发生。

在给自己和家人配置保险这件事情上，能今天做的就不要等到明天。

在购买保险的审核过程中，顾客通常会遇到以下6种情况：

1. 正常承保：按照标准保费购买。

2. 加费承保：依然可以购买，只是在标准保费的基础上调高了保费。

3. 责任免除后承保：免除掉一些不予理赔的情况后正常承保。

4. 责任免除且加费承保：不仅免除掉一些不予理赔的情况，还要上调保费再承保。

5. 延期承保：保险公司当下无法对购买者的健康状况做出明确的判断，延长一段时间，顾客再提交健康状况的检查资料后，再来做审核。

6. 拒保：拒绝顾客购买保险。

从字面意思，容易理解这6种情况的差别。前面4种都属于还有资格买保险的情况，应该珍惜这个机会赶紧买上。通常人的身体健康状况都是越来越差的，年龄越大，身体越可能不健康，买保险只会越来越难。

保险配置的最佳时机

现实中，很多人会认为，自己平时真的很注重健康，只要自己平时多注意养生，身体健康状况不会有太大的变化，以后再买保险也不迟。这样的想法听上去似乎有些道理，但是把感性认识纳入理性数据分析中才能识别对和错。

保障型保险的意义，对于群体来说是发生概率的问题，对于单个的个体来说不存在概率问题，是发生还是不发生的问题，是0和100%的问题。保险真正解决的是发生的概率低、造成的经济压力大的事件。如果无论发生多大的事情，在5年甚至10年内都不会对自己造成经济方面的影响，那就可以不考虑保障型保险。如果事情的发生会给自己和家庭造成短期的或长期的经济影响，那就可以借助保险工具的作用以最低的成本来解决这些问题。

购买保险既然会有资格限制，就自然涉及购买资格和购买时机的问题。什么时间买保险最划算呢？

用关于储蓄型重疾险的数据分析来解释早买保险和晚买保险的数据差别，可以让人更加直观地从理性数据的角度来看购买时机。储蓄型保险是绝大多数人都会购买的险种，用它的数据来做对比会更有参考意义。

用数据步骤加文字和图形的方式来表示：

1.这两条线中间代表一条道路，代表我们一生要走的路。

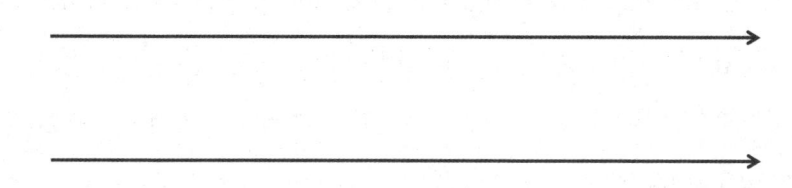

2.这三个分界点划分出我们已经走过的过去、正在进行的现在和不可预知的未来。

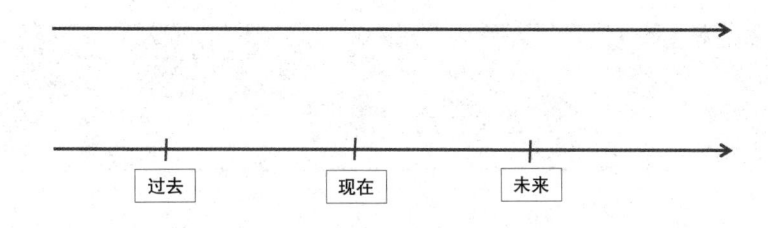

3.已经走过的过去，虽然有很多的危机，但只发生在别人身上，没有发生在我们身上，这些危机都过去了。

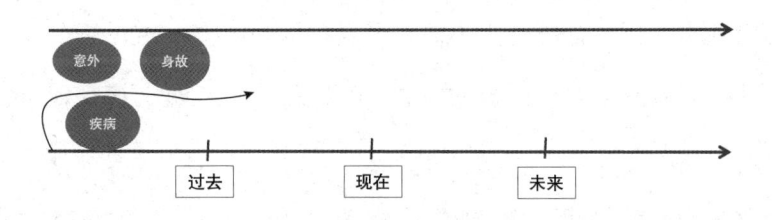

4. 正在进行的现在，一切安好，没有发生任何事情。

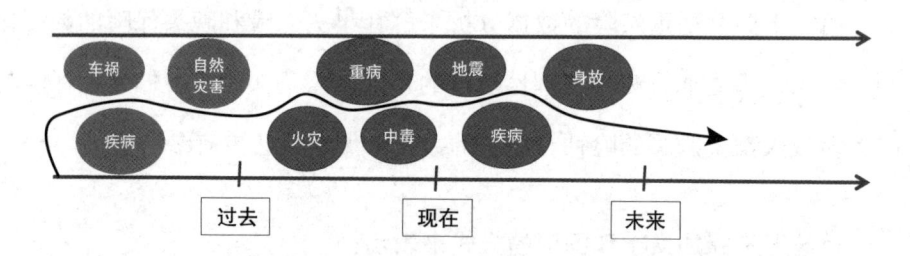

5. 而未来，有太多的未知，不知道会在哪一天出现问题。这一天一定会出现，生老病死，人人都需要经历。如果罹患大病，终究要花钱解决，如果需要花掉 50 万元去治病，还要用掉 50 万元养病（维持日常的衣食住行，支付额外的各种费用……），这些钱从哪儿来？动用个人储蓄？借钱／众筹？购买商业保险？

哪一种代价最大？人生就是不停地做选择题。

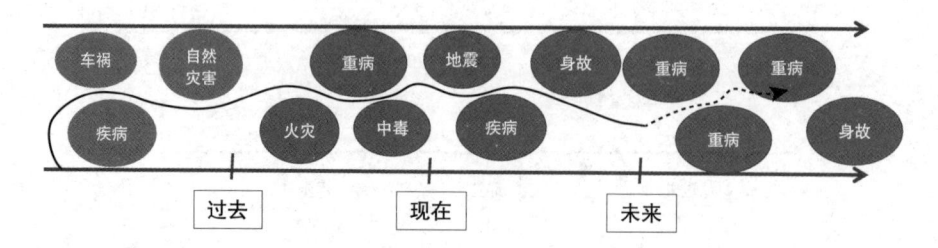

6. 如果未来必须要准备 50 万元的重疾险，假设选择成本最低的商业保险，女性分别从 0 岁 /25 岁 /50 岁开始准备，都选择 20 年付费期，所付出的保费成本如下。保障起点不同，受保护的期限也不同。

0 岁：5000 元 / 年，20 年总保费 10 万元，保障期从 0 岁到 105 岁共计 105 年；

25 岁：8900 元 / 年，20 年总保费 17.8 万元，保障期从 25 岁到 105

岁共计 80 年；

50 岁：19800 元 / 年，20 年总保费 39.6 万元，保障期从 50 岁到 105 岁共计 55 年。

购买时间越晚，所付出的代价越高，受保护的时间还越短。

理财类保险的复利收益是它的最大利益。用下面的养老保险目标数据图来表示会更直观。如果计划在 60 岁退休的时候，每个月能保证有固定的 2 万元养老金，领到 80 岁总额 480 万元，开始准备的年龄不同，总保费不同。

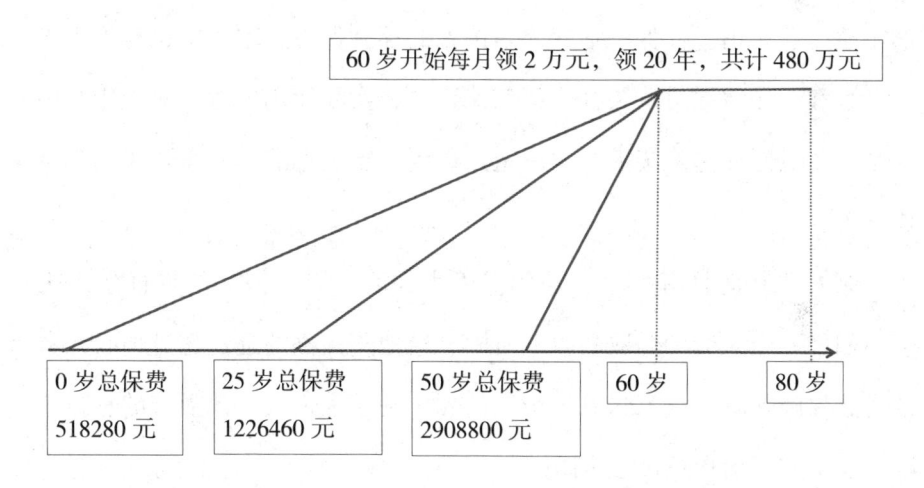

```
                    ┌─────────────────────────────────────┐
                    │ 60 岁开始每月领 2 万元，领 20 年，共计 480 万元 │
                    └─────────────────────────────────────┘

┌──────────┐  ┌──────────┐  ┌──────────┐  ┌──────┐  ┌──────┐
│ 0 岁总保费 │  │ 25 岁总保费│  │ 50 岁总保费│  │ 60 岁 │  │ 80 岁 │
│ 518280 元 │  │1226460 元 │  │2908800 元 │  │      │  │      │
└──────────┘  └──────────┘  └──────────┘  └──────┘  └──────┘
```

通过上述图形和数据对比，能得出明显的结论：保险越早买越好。

如果今天已经意识到买保险应该尽早，总成本最低，总效用最大，那就从今天开始配置。已经买了而额度不够的应从今天开始增加。

保险配置的最高额限制

世上的物品，通常情况下，只要想买，都不受限制。

保险产品不同于普通商品，并不是想买多少都可以。

除了补偿型的医疗险没有购买上限规定外，其他所有的给付型险种，都会有购买上限的规定，并不是想买多少就能买多少。保人的保障险如此，保钱的理财险也是如此。这样规定的目的只有一个：避免道德风险！

为什么医疗保险没有购买额度的限制呢？因为医疗保险的赔付原则是补偿——损失多少补偿多少，社保医疗保险和商业医疗保险加起来赔付总额不超过总花销。社保医疗保险是国家的福利保险，现实中也有不少人会在老家和工作地同时购买社会医疗保险，在实际使用的时候只能用其中的一个。商业医疗保险买多了不一定用得到，客观上选择一家购买高一点保额即可。

保人的其他具有死亡利益的保障类保险，以小博大的杠杆效果很显著，如果一个人劳动赚取的收入有限，给他买高额的远远超过他收入数倍的身故保障保险，就意味着这个人的死亡利益远远大于他活着的利益，这样就非常容易出现道德性风险。

保钱的理财类保险，如果购买的保费金额过高，超过他的年收入的三分之一，续保的时候就很有可能难以持续。作为购买保险的消费者，如果已经购买了保险，支付了首期保费，或者已经付费几年，万一中途要终止合同退保，往往有可能账户总价值低于保费，终止合同退保就会有损失。这是双输的生意。保险公司和购买保险的保单持有人都不希望这样的事情发生。严格的保费支出规则既可以保护购买保险者的利益，也可以避免保险公司做无用功甚至做亏本生意。

保钱的理财类保险的另一个限制就是针对大额保单的资金来源说明，这个限制是用来避免个别人通过购买保险来洗钱。洗钱对国家利益和人民群众根本利益都会造成损害，保险公司会尽责任尽义务来维护金融机构的诚信以及金融市场的稳定。

第八章
平常事故的保险理赔举例

第八章　平常事故的保险理赔举例

第一个案例：用一个有关交通事故的新闻事件来解读社会保险和商业保险的理赔区别

2015年3月，深圳宝安机场T3航站楼高架桥转出发大厅约50米处发生重大交通事故，肇事司机杨某晰驾驶一辆小轿车前往机场乘飞机。当车辆行至机场高架桥离港平台转弯处时突然失控，冲向右侧护栏继续行驶，撞向在护栏边观光的人员。这些观光人员站在高架桥上看飞机起降。

事故共造成9人死亡（其中5人当场死亡，包括肇事司机在内的4人送医院抢救无效死亡）、23人受伤。

如果这死亡的9人和受伤的23人都有社保的5个险种，并购买了商业保险的8个险种，来看一下分别怎么理赔：

社保的5个险种在此次事故中的赔偿：

①养老保险：赔付身故的9人个人账户余额给他们的直系亲属。

②医疗保险：送医院救治时，不可用医保统筹基金账户，个人账户（属于个人所有）可用于就医。

③工伤保险：不算工伤，不能赔付。

④生育保险：无关联。

⑤失业保险：无关联。

商业保险的8个险种在此次交通事故中的理赔：

①意外险：身故的按照购买额全赔。

②医疗险：送医救治的赔医疗费。

③重疾险：身故的按照购买额全赔。

④寿险：身故的按照购买额全赔。

⑤教育/婚嫁/创业险：豁免保费。

⑦投资险：赔付保单总价值。

⑧资产传承险：赔付保额+总收益/赔付保单总价值。

第二个案例：两辆自行车相撞的事故理赔

老王和小张骑自行车的时候不小心撞上了，老王倒地的时候头部刚好撞在台阶的边角上，昏迷不醒。小张呼叫120后把老王紧急送往医院。小张刚刚参加工作不久，全部积蓄拿出来支付了几天的费用后就再也无力承担。老王被送进医院后就再也没有醒过来，两个月后离世。老王有社保，还买了一份10万元保额的意外保险，没有其他保险。来看看老王的保险怎么赔偿：

社保：

①养老保险：身故后赔付他的个人账户余额给他的直系亲属。老王的子女都已成年，父母已故。抚恤金一项没有。

②医疗保险：老王的受伤属于他人责任导致，不可用医保统筹基金账户，个人账户（属于个人所有）可用于就医。

③工伤保险：老王受伤不算工伤，不能赔付。

④生育保险：无关联。

⑤失业保险：无关联。

商业意外保险理赔：

①意外险：身故保额10万元，全额赔10万元。

②医疗险：有附加的意外医疗险，保额1万元，全额理赔1万元。

第三个案例：癌症治疗方法

癌症是目前比较高发的疾病，如果一个人罹患癌症，依据癌症的轻重情况和费用支出，有以下几种治疗方法：

①放疗：社保和商业医疗保险都包含放疗费用。如果癌细胞还没有扩散，还在一个固定的点位，通常会采取"手术+放疗"的治疗方法，手术摘除肿瘤，同时用放射线的能量去杀灭残留癌细胞，或者不实施手术，只采用放疗，用放射线杀死癌细胞或破坏癌组织。普通放疗就如一把双刃剑，在治疗的同时也会对正常细胞造成杀伤，会对人体有副作用。

②化疗：社保和商业医疗保险都包含化疗费用。如果癌细胞已经扩散到多个部位甚至已经到全身，就会用化疗法治疗，利用化学药品通过血液到达全身去杀死癌细胞或破坏癌组织。普通化疗也是一把双刃剑，在治疗的同时也会对正常细胞造成一定损伤，会对人体有副作用。

③靶向药物治疗：一般是全自费或部分自费。商业医疗保险（住院医疗和特殊药品医疗保险以及高端医疗保险）包含靶向药治疗费用。靶向药物治疗跟普通药物治疗的区别是，普通药物经过身体流通到达癌细胞所在的位置的时候，药物浓度已经不高，对疾病的治愈效果不明显。靶向药物是经过人体，到达病灶的位置才释放药物，对癌细胞可集中杀灭又不会损伤正常细胞和正常组织，治疗费用比放疗和化疗要高得多，是对人体没有副作用，基本没有健康影响的治疗方法。

④质子重离子治疗：全部自费，商业医疗保险包含质子重离子治疗费用。这是国际上公认的尖端技术。在破坏癌细胞的同时，又不会损伤正常细胞和组织，治疗效果显著，费用很高。

⑤ CAR-T 治疗方法：全部自费，某些商业医疗保险和特殊商业医疗保险产品包含的治疗方法。这是一种从患者体内提取他自身的免疫细胞在实验室大量培养，再输回患者体内的高科技治疗方法，它的大部分成本不在医院产生而是在实验室里，所以特殊的有针对性的保险产品包含这项治疗方法。这属于依据个体差异个人定制的治疗方法，费用很高。

科技的发展日新月异，会不断地有新药和新的治疗方法研发出来，技术越来越先进，治疗效果也会越来越好。商业保险行业通常能与时俱进，推出满足时代需求的保险产品。

后 记

本书的编写初衷是帮助大家快速全面地了解保险理念和知识，了解保险工具不同于其他工具的特殊作用，使大家善用它的益处，理解它在我们家庭和个人资产配置中的作用。保险产品本身没有好和不好之分，只有适合不适合自己的区别。借助本书通俗易懂的知识，可更客观地对待和选择适合自己的保险。

现实生活中，许许多多的对保险严重误会的现象之所以产生，是因为对保险不了解。笔者认为有必要站在消费者的立场，帮助消费者梳理保险理念和保险产品的相关知识。

本书中的保险知识对大家的帮助是它真正的价值。作者本人已经在保险公司工作20年，带团队的同时又做保险销售。本书没有用作者的真名，而是用了笔名，目的是淡化作者本人的影响力，让大家聚焦书中的知识帮助自己。本书没有请他人写序言来推荐，同样是希望突出书中的知识，不是突出人物的影响力。

本书是初版，随着时代的发展，保险也将顺应时代的要求而新增一些内容，本书未来还会有再版的可能，如果大家有好的建议和不同的看法，欢迎批评指正。

本书是为了帮助普通民众理解保险基础知识而撰写，如果要了解保险领域的更多专业知识，请参考其他专业书籍。

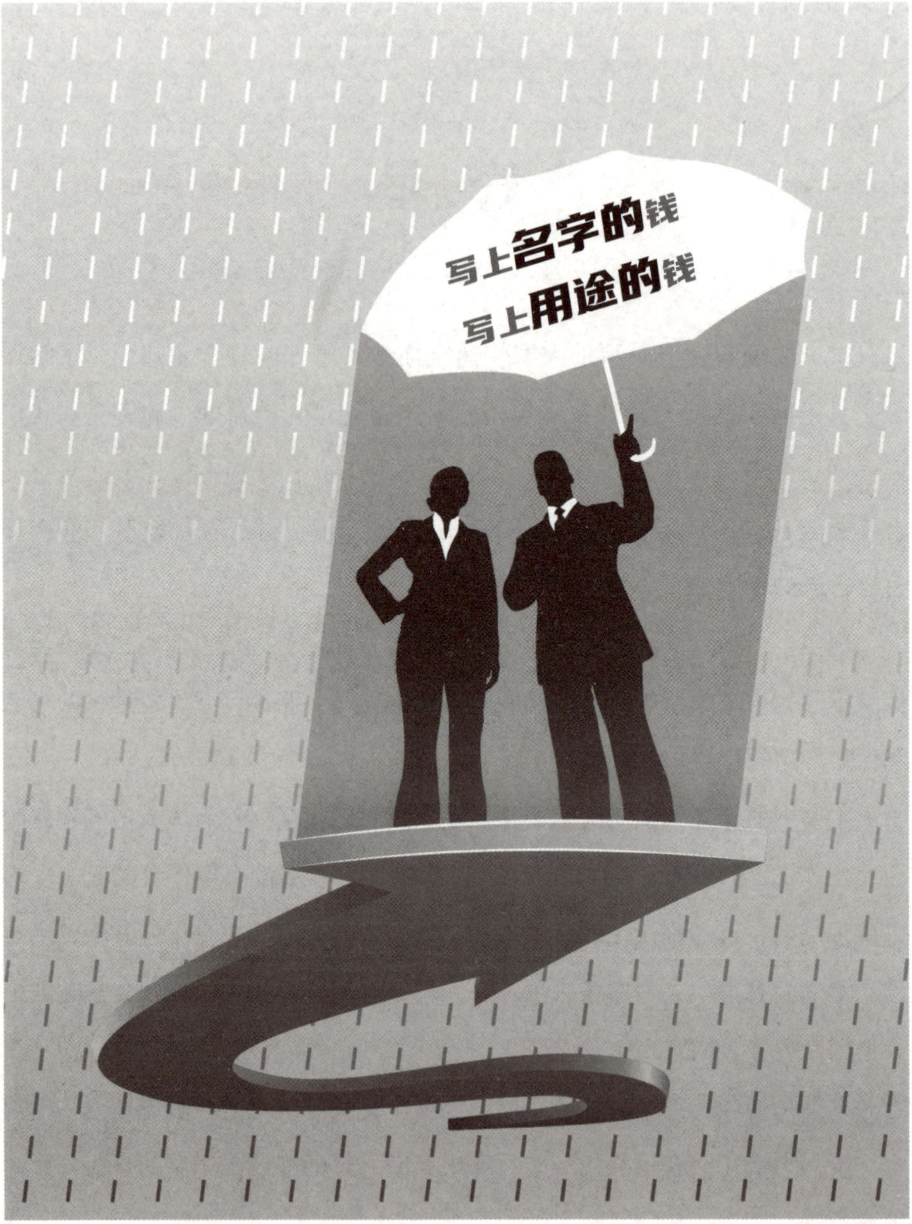
写上名字的钱
写上用途的钱

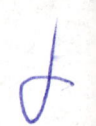